海宁潮神祭祀

海宁潮神祭祀

总主编 褚子育

浙江省非物质文化遗产代表作丛书

浙江摄影出版社

朱善九　孙力　周郁斌　编著

总　序

中共浙江省委书记
浙江省人大常委会主任　车俊

　　非物质文化遗产是一个民族的精神印记，是一个地方的文化瑰宝。浙江作为中华文明的重要发祥地，在悠久的历史长河中孕育了璀璨夺目、蔚为壮观的非物质文化遗产。隆重恢弘的轩辕祭典、大禹祭典、南孔祭典等，见证了浙江民俗的源远流长；引人入胜的白蛇传传说、梁祝传说、西施传说、济公传说等，展示了浙江民间文学的价值底蕴；婉转动听的越剧、绍剧、瓯剧、高腔、乱弹等，彰显了浙江传统戏剧的独特魅力；闻名遐迩的龙泉青瓷、绍兴黄酒、金华火腿、湖笔等，折射了浙江传统技艺的高超精湛……这些非物质文化遗产，鲜活而生动地记录了浙江人民的文化创造和精神追求。

　　习近平总书记在浙江工作期间，高度重视文化建设。他在"八八战略"重大决策部署中，明确提出要"进一步发挥浙江的人文优势，积极推进科教兴省、人才强省，加快建设文化大省"，亲自部署推动一系列传统文化保护利用的重点工作和重大工程，并先后6次对非物质文化遗产保护作出重要批示，为浙江文化的传承和复兴注入了时代活力、奠定了坚实基础。历届浙江省委坚定不移沿着习近平总书记指引的路子走下去，坚持一张蓝图绘到底，一年接着一年干，推动全省文化建设实现了从量的积累向质的飞跃，在打造全国非物质文化遗产保护高地上迈出了坚实的步伐。已经公布的四批国家级非物质文化遗产名录中，浙江以总数217项蝉联"四连冠"，这是文化浙江建设结出的又一硕果。

历史在赓续中前进，文化在传承中发展。党的十八大以来，习近平总书记站在建设社会主义文化强国的战略高度，对弘扬中华优秀传统文化作出一系列深刻阐述和重大部署，特别是在十九大报告中明确要求，加强文物保护利用和文化遗产保护传承。这些都为新时代非物质文化遗产保护工作指明了前进方向。我们要以更加强烈的文化自觉，进一步深入挖掘浙江非物质文化遗产所蕴含的思想观念、人文精神、道德规范，结合时代要求加以创造性转化、实现创新性发展，努力使优秀传统文化活起来、传下去，不断满足浙江人民的精神文化需求、丰富浙江人民的精神家园。我们要以更加坚定的文化自信，进一步加强对外文化交流互鉴，积极推动浙江的非物质文化遗产走出国门、走向世界，讲好浙江非遗故事，发出中华文明强音，让世界借由非物质文化遗产这个窗口更全面地认识浙江、更真实地读懂中国。

现在摆在大家面前的这套丛书，深入挖掘浙江非物质文化遗产代表作的丰富内涵和传承脉络，是浙江文化研究工程的优秀成果，是浙江重要的"地域文化档案"。从2007年开始启动编撰，到本次第四批30个项目成书，这项历时12年的浩大文化研究工程终于画上了一个圆满句号。我相信，这套丛书将有助于广大读者了解浙江的灿烂文化，也可以为推进文化浙江建设和非物质文化遗产保护提供有益的启发。

前 言

浙江省文化和旅游厅党组书记、厅长　褚子育

　　"东南形胜，三吴都会，钱塘自古繁华。"秀美的河山、悠久的历史、丰厚的人文资源，共同孕育了浙江多彩而又别具特色的文化，在浙江大地上散落了无数的文化瑰宝和遗珠。非物质文化遗产保护工程，在搜集、整理、传播和滋养优秀传统文化中发挥了巨大的作用，浙江也无愧于走在前列的要求。截至目前，浙江共有8个项目列入联合国教科文组织人类非遗代表作名录、2个项目列入急需保护的非遗名录；2006年以来，国务院先后公布了四批国家级非物质文化遗产名录，浙江217个项目上榜，蝉联"四连冠"；此外，浙江还拥有886个省级非遗项目、5905个市级非遗项目、14644个县级非遗项目。这些非物质文化遗产，是浙江历史的生动见证，是浙江文化的重要体现，也是中华优秀传统文化的结晶，华夏文明的瑰宝。

　　如果将每一个"国家级非遗项目"比作一座宝藏，那么您面前的这本"普及读本"，就是探寻和解码宝藏的一把钥匙。这217册读本，分别从自然环境、历史人文、传承谱系、代表人物、典型作品、保护发展等入手，图文并茂，深入浅出，多角度、多层面地揭示浙江优秀传统文化的丰富内涵，展现浙江人民的精神追求，彰显出浙江深厚的文化软实力，堪

称我省非遗保护事业不断向纵深推进的重要标识。

这套丛书，历时12年，凝聚了全省各地文化干部、非遗工作者和乡土专家的心血和汗水：他们奔走于乡间田野，专注于青灯黄卷，记录、整理了大量流失在民间的一手资料。丛书的出版，也得到了各级党政领导，各地文化部门、出版部门等的大力支持！作为该书的总主编，我心怀敬意和感激，在此谨向为这套丛书的编纂出版付出辛勤劳动，给予热情支持的所有同志，表达由衷的谢意！

习近平总书记指出："每一种文明都延续着一个国家和民族的精神血脉，既需要薪火相传、代代守护，更需要与时俱进、勇于创新。"省委书记车俊为丛书撰写了总序，明确要求我们讲好浙江非遗故事，发出中华文明强音，让世界借由非物质文化遗产这个窗口更全面地认识浙江、更真实地读懂中国。

新形势、新任务、新要求，全省文化和旅游工作者能够肩负起这一光荣的使命和担当，进一步推动非遗创造性转化和创新性发展，讲好浙江故事，让历史文化、民俗文化"活起来"；充分利用我省地理风貌多样、文化丰富多彩的优势，保护传承好千百年来文明演化积淀下来的优秀传统文化，进一步激活数量巨大、类型多样、斑斓多姿的文化资源存量，唤醒非物质文化遗产所蕴含的无穷魅力，努力展现"浙江文化"风采，塑造"文化浙江"形象，让浙江的文脉延续兴旺，为奋力推进浙江"两个高水平"建设提供精神动力、智力支持，为践行"'八八战略'再深化，改革开放再出发"注入新的文化活力。

目录

海宁位居钱塘江畔，也是天下奇观海宁潮的发源地。涌潮自尖山喇叭口起，一日二潮，从不停歇。古代先民对潮的科学认识不足，对潮由自然物理作用而起的原因尚难以理解，防御上的物质力量等尚不发达，于是，潮神一说便应运而生。钱塘江沿岸几经战乱，加上潮灾对一代又一代居民的吞噬侵害，祭潮便被老百姓赋予了种种祈望。

《海宁潮神祭祀》是一册记录祭祀潮神这一民俗的书，它依据历史时序进行编写，或深挖乡邦文献，或参证历史文物，或采访在世老人，或重现历史文化活动，从中科学地梳理出祭祀的本真原貌，然后以图文并茂的形式加以呈现。

《海宁潮神祭祀》力争厘清潮神祭祀的历史原因，明晰祭祀对象，确证祭祀场所，并对祭典仪式、官祭与民祭作了区分记述。同时，又不忘挖掘与梳理海宁潮神祭祀的内涵与价值，尤其对海宁历代潮神寺庙的收集记述，或可为乡邦文献增补珍贵一页。

非物质文化遗产是中华文化精髓的基础，也是现实生活的一个历史维度。"以古人之规矩，开自己之生面"，期待海宁潮神祭祀能在传承与保护中，似世所独有的海宁潮一样，呈现出新的力度与广度。

中共海宁市委书记

一、概述

自北宋始，海宁每个朝代有记载的大潮灾都在 8 起以上，明代患害最烈，270 多年中竟然发生了 40 起，平均 7 年左右就有一起大潮灾。与其他的自然灾害一样，民间总是把潮灾归结于神的意志，祈神是人们对消灾去祸、安居乐业的一种虔诚表达，而作为统治阶层，一方面，出于稳定政权的需要，须维护地方安宁，尽量减少因天灾而激发的民间不稳定因素，另一方面，为维护『君权神授』的政权合法性，也顺应、鼓励民间的神灵膜拜意识，敬神、求神、祈神就这样成了治潮抗灾的另一种努力。

一、概述

[壹]钱塘江和钱江潮

钱塘江是浙江下游的杭州段，源起新安江，"呼吸万里，吐纳灵潮。自然往复，或夕或朝。激逸势以前驱，乃鼓怒而作涛"，揽沿途山峦风情，聚吴越文化精髓，在芦潮港汇入杭州湾。杭州湾是一个喇叭形的海湾，到了海宁盐官一带，宽度从湾口的百余千米骤然收缩到了 2.5 千米左右，水流压力剧增，潮势汹涌，潮峰陡起，"波如连山，乍合乍散""长波狭漈，峻湍崔嵬，盘涡谷转，凌涛山颓……"，形成了激荡澎湃的钱江潮。苏轼有诗云："庐山烟雨浙江潮，未到千般恨不消。"

钱塘江涌潮每昼夜各一次，循环往复，其中农历八月十八是观潮的最佳时日，有"八月十八潮，壮观天下无"之称。潮势最为磅礴的地段在杭州湾北岸的海宁，于是海宁盐官成为钱江潮的主要观赏地点。1994 年，八月十八盐官观潮的习俗衍化出了一年一度的钱江（海宁）观潮节盛大庆典，延续至今。

钱江潮在海宁展示出天地造化的独特形态，成为珍贵的旅游资源，给海宁人带来了许多欢乐，更吸引了海内外的无数游客。历史

观潮

上，文人墨客们在盐官观潮台留下了大量的咏潮诗篇，到了现代，孙中山、毛泽东等都曾来盐官观潮，为这个江南小城积聚了厚重的人文色彩。

　　钱江涌潮给海宁带来了千古风流，但是，这桀骜不驯的恣肆怒涛在历史上也曾给海宁留下许多灾祸，这就是大自然的辩证法。

"海宁县潮水横滥,冲圮堤塘,逼荡城邑,转盼曳趾,顷一决数仞,祠庙、庐舍、器物沦陷略尽……",潮灾成为海宁地方的重灾大患,千百年来,筑塘修堤也罢,疏浚水道也罢,祈佑祝祷也罢,人与潮灾的抗争陪伴着整个历史进程,积淀起独特的地方文化,成为海宁地方史一个不可分割的组成部分。

[贰]潮神祭祀的历史渊源

海宁地处杭州湾北岸,东起高阳山,西至翁家埠,海岸线长达50多千米。作为临海湾的州县,千年以来,海宁每个昼夜受到潮汐的2次冲击。据《海宁灾异志》记载,古县城盐官附近涌潮的潮速超过每秒12米,每平方米涌潮压力最大可达10吨。在水泥尚未发明之时,海宁沿杭州湾的海塘,在唐宋以前,仅以泥土夯实筑成;到了元代,开始加构木材建成柴塘,并有了以石块堆垒的筑塘之法;明朝用木柜内碎石,沉箱筑堤;清代康熙年间才出现鱼鳞石塘。这50多千米的海塘,每一寸都承受着潮水冲击的巨大压力,随时有被冲垮的可能。每当大潮来临,海塘塌垮,潮水过塘,吞噬农田,毁坏房舍,摧残民生,给海宁人带来很大的危害。

潮灾的危害大体可概括为十个方面:其一,冲毁海塘堤岸和为减弱潮水冲击力而筑的挑水坝、堤坝等设施;其二,潮水进入塘内,民间俗称"潮水过塘",淹没沿江而设的盐场;其三,淹没农田,毁坏农作物,导致农作物减产甚至绝收;其四,冲毁淹没民宅,致使民众

民国33年（1944）三月摄

家产尽毁，流离失所；其五，冲毁庐舍以及船只，其中包括官府的粮仓；其六，潮水进入内河及池塘，导致水质变咸，无法食用；其七，咸水浸泡农田，破坏土质；其八，民众逃避不及，溺毙于湍流；其九，牲畜家禽淹溺而亡；其十，潮水深入内地，冲毁桥梁等设施。

　　沿杭州湾一带的海宁居民是潮灾的直接受害者，自明代以来，民众深受潮灾之苦，从历史记载中可以看到潮灾对民众生命财产的巨大危害。

南宋嘉熙三年（1239），"己亥夏六月……水失故道，湍激波荡无虚日，沙若崩而陷，岸若坠而颓。晨时潮所不及地，遇大汛，弥望七八十里间，溃为洪流"。

明万历三年（1575），"五月晦，潮溢，坏塘二千余丈，漂流房屋二百多间，溺百余人，伤稼八万余亩"。

清雍正二年（1724），"七月十八日至十九日，海潮溢塘。堤尽决，东南西路近海处尤甚，漂去室庐无算，郭店、袁花诸桥桥梁无一存者"。

这些危害有些是即时的，如生命财产毁于潮灾发生当下，有些则影响更为深远，如毁坏交通设施，破坏土壤和淡水水质。随着潮灾发生的越发频繁，人们消灾去祸的意识也越来越强烈，推促着潮神祭祀习俗规模的日益扩大和影响力的增加。

一、祭祀的自然原因

钱江涌潮进入杭州湾后，有赭山和龛山两座比较大的岛礁矗立在潮流必经之路上。赭山位于近海湾的中心位置，龛山靠近南岸，这两座岛礁对涌潮的水势起着分流的作用。龛山与杭州湾南岸之间的通道一度是涌潮的主要通道，俗称"南大门"，当涌潮从南大门通过时，北岸的海宁基本不受涌潮影响，不会有潮灾的危害。在唐

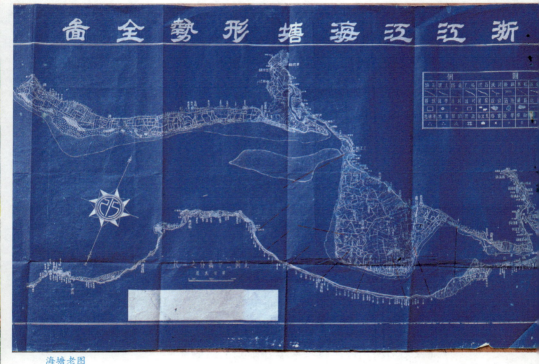

海塘老图

宋以前，钱塘江涌潮主要经南大门进入，因此，当时史载的海宁潮灾比较罕见，三国两晋南北朝三百多年间，海宁有历史记载的较大的潮灾只有两起，唐代近三百年间发生过三起。起初，潮灾是"百年一遇"的罕见灾祸。后来，唐宋之间，经长期冲刷，杭州湾口宽度大增，涌潮水量急遽增加，外海潮流直逼澉浦，折向曹娥江口，受阻折北，奔向海宁。涌潮带来的泥沙长期淤积，造成了南大门的堵塞，于是，涌潮主流改道赭山与杭州湾北岸之间的"北大门"，海宁的53千米海岸线直接裸露在涌潮的冲击面前，这就是1219年记载的所谓"海失故道"。因而，自北宋起，潮灾频发，从13世纪到18世纪的500年间，因潮水冲刷，海宁境内沿杭州湾的海岸线在大涨和大塌之间起落，涨塌纵深达20千米左右，次数达11次。平均每50年左右，海宁地域因海岸线的涨塌而发生一次显著变化，其中13、15和17世纪发生的3次变化最大。到了清乾隆二十四年（1759），原属海宁境内南沙区域约4万多亩的地块甚至被这种涨塌推移到了杭州湾南岸，即现在的萧山区南阳街道一带。这种剧烈地理变化的结果

石塘损毁

是："涨"无益，因为泥沙淤积而"涨"出来的滩涂既不稳定也无实际用处；而"塌"有害，直接危害沿海塘一带民众的生命财产安全，给民生带来了大灾大难。

自北宋始，海宁每个朝代有记载的大潮灾都在 8 起以上，明代患害最烈，270 多年中竟然发生了 40 起，平均 7 年左右就有一起大潮灾。随着海宁潮灾危害的增长，对潮灾危害的重视程度和治潮抗灾的意识加剧了危机感，并且直达龙庭，震撼最高统治者。到了清代，海宁潮灾成了最高统治者的关注重点之一，雍正在盐官建造海神庙、敕封"浙海之神"，乾隆多次到海宁视察海塘，最高统治者的实际行动是这种意识的最好证明。

潮灾是一种天灾，属于不可抗力，在历史条件的限制下，古代人只能将之归于"天意"，另一方面，防灾、抗灾都是事在人为的措施，因而，治潮抗灾一直在两个方面做出努力。一是"形而下"，修筑和加固海塘堤岸，疏浚涌潮通道。清乾隆年间（1736—1795），曾经发起疏浚龛山与赭山之间的"中小门"，试图让涌潮主流由两山之间通过，减少对杭州湾两岸州县的影响。清朱定元《海塘节略总序》载："康熙五十七年、五十九年，雍正十二年，乾隆十二年四次疏浚中小门，前三次疏完即淤，第四次生效，（潮）走中小门维持了十二年，乾隆二十四年开始，水势重走北大门。"这是"尽人事"。但在当时的科技水平和物力财力的限制下，这种努力并未彻底遏制潮灾的发生和危害。民谚云："黄河日修一斗金，钱江日修一斗银。"说出了潮灾肆虐，塘塌堤垮不断，令人拙于应付的尴尬。于是，治潮抗灾的另外一种应对逐渐兴起，这就是作为"形而上"的神灵膜拜祈祷，即"顺天意"。

二、祭祀的社会原因

正如清代雍正年间（1723—1735）浙江巡抚杨昌浚在《筹议建复海神庙宇》奏折中所言："浙省海塘，为下游列郡田庐保障，其修筑固由人力，而呵护实赖神灵。"与其他的自然灾害一样，民间总是把潮灾归结于神的意志，祈神是人们对消灾去祸、安居乐业的一种虔诚表达；而作为统治阶层，一方面，出于稳定政权的需要，须保地方安宁，尽量减少因天灾而激发的民间不稳定因素，另一方面，为维护"君权神授"的政权合法性，也顺应、鼓励民间的神灵膜拜意识，敬神、求神、祈神就这样成了治潮抗灾的另一种努力。这种对潮神的膜拜直接与民生、与统治基础相关，才能同时在民间和官方并行不悖，形成海宁潮神祭祀的习俗。

海宁的潮神祭祀有两种，一种是民间自发祈愿，另一种是官方的祭祀。应该说，民间的自发祭祀远远早于官方祭祀，正是民间的潮神崇拜哺育催生了统治阶层的潮神祭祀。清代中期是海宁潮神祭祀的鼎盛时期。

民间祭祀潮神（孙力摄）

（一）民间原因

　　海宁民间的潮神祭祀并非是严格意义上的宗教信仰，将之归于俗神崇拜更加贴切。在海宁境内各个不同的地域，人们把某个历史人物或者神话传说中的角色与当地的传说、神话结合，供奉为潮神，因此，海宁各地所祭祀的潮神各不相同，全海宁所共奉的潮神在数量上达到了两位数，这是海宁民间潮神崇拜的主流。换句话说，海宁各地的潮神是根据当地百姓的喜好而定，大家喜欢谁，只要这个对象与潮、与海，或者与治水搭得上边，谁就是潮神。

　　此外，民间对潮神的膜拜形式中夹带着日常世俗生活的烟火气息，这在民间潮神祭祀的重要形式——迎会过程中表现得尤其明显，庙会的神灵出迎的时候，有许多角色扮演甚至折子戏片段的演出，叫作"故事"，其中有一种"故事"叫作"五方"，插科打诨，嬉闹搞笑，与官方祭祀的神圣庄严形成鲜明的对照，体现出草根阶层"接地气"的崇神特色。

　　在潮灾频发的岁月中，民众对命运完全受到自然支配、无法左右人生的感受可想而知，于是迎合"天意"，祈求神灵佑护的意识可说是很迫切的。《社会与宗教》（1991）是记录国际创价学会会长池田大作与牛津大学教授布莱恩·威尔逊的对话的一本著作，书中在谈到宗教感情的来源时有这么一段描述："它[1]使人相信，对于那些如果置之不理就会带来极端危险的种种外部力量，用仪式就能够抑制它们，或者能够部分地驾驭它们（大概有时也会产生错觉）。随着宗教仪式演变为较适当的形式并被确立之后，人们也就能够抵制那些从不安及未知的遭遇中产生同时又来自自身感情的直接的强烈的冲击。可以这样说，人们利用宗教仪式能够抵挡外界的侵袭，抑制自身情感带来的苦恼与不安。"尽管海宁潮神崇拜并非严格意义上的宗教信仰，这段话还是较好地诠释了祭潮神仪式对民众的心理慰藉和安抚效应。

[1] 此处指宗教仪式。

（二）官方原因

官方（包括最高统治者）对潮灾以及供奉潮神的认识过程，比海宁民间要曲折复杂得多，大体上经过了这么几个阶段。

第一阶段，认定潮灾是"恶神"作祟，应对是"镇海"。

唐代以前，杭州湾北岸的潮灾很少发生，偶尔有一次影响较大的潮灾，对统治阶层的冲击比较突然。手足无措之下，官方认定潮灾属于妖邪孽怪作恶，于是就要弹压、镇海，这种认识和反应一直延续到了宋代，尽管这个时候潮灾开始频繁发生，但认识上的惯性使然，官方仍持"镇海"的态度，弹压、镇妖是对待潮灾的主流认识。史载，"宋宣和四年海溢，降铁符十道以镇之""政和丙申岁，杭州汤村海溢，坏居民田庐凡数十里，朝廷降铁符十道以镇之""壬寅岁，盐官县亦溢，县南至海四十里，而水之所啮，去邑聚财数里，邑人甚恐。十一月，铁符又至，其数如汤村，每一符重百斤，正面铸神符及御书咒，贮以青木匣。府遣曹官同都道正管押下县，县建道场设醮，投之海中"。建"道场"设"醮"，以铁符镇之，是官方以驱邪镇魔的态度对待潮灾的表现。朝廷威权直接与妖魔对垒，与后来的敕造神庙、敕封海神、虔诚祭祀是一个鲜明的对照。到了北宋至和元年（1054），更有甚者，在盐官海塘上建造"镇海塔"，以"贻海甸永利"。铁符，实际上象征着官方直接面对潮灾的铁腕立场和态度。在这个阶段，官方与民间对潮灾的认识和态度并不一致，官民之间对潮灾的认识行进在不同的方向。

第二阶段，潮神作为第三方，逐渐成为官方的主要对话对象。

大致从北宋中期开始，随着"镇海"之举效果不彰，潮患愈烈，官方的认识和态度开始有所改变，可以把南宋礼部尚书程泌于淳熙年间（1174—1189）奉旨在盐官祭潮时的祷文看作是一个风向转变的标志。

> 天相民居，莫于下土。海镇坤埒，长于百神。凡有阽危，敢忘哀吁。伏念盐官之境，智罹潮汐之灾，阖县千庐，惴惴为鱼之虑。良畴万顷，骎骎淹卤之虞。臣食息熏心，匍匐请命，仰神龙之有位，暨水府之群司，鉴此微衷，降之大惠。风涛受令，寂无冲啮之忧。浦溆还沙，永赖捍防之固。嗣新祠宇，祗答灵休。（宋·程泌撰《洺水集》卷十七）

官方态度明显地软化了，统治者意识到，铁符镇海、直接与妖孽对垒并无多大威力，于是弹压变成了呼吁和祷告，将潮灾的根本原因归于"神龙"及"水府群司"掉以轻心，疏于管理，也就是说俗世政治避免与潮灾正面冲突，通过敬奉神灵，祈使神界权威来约束潮灾。于是，区别于妖邪的潮神，作为第三方，逐渐成为官方的主要对话方。官方祈告神灵，动之以情，晓之以理，让神灵管住妖孽。

至元代，官方就将潮灾之患直言为"神职或缺，孽邪为害"，呼吁神灵"各执厥司，以效天职"，并诺以"报祀万年"，祭文如下。

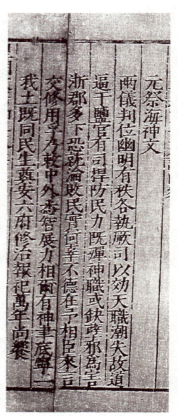

> 两仪判位，幽明有秩。各执厥司，以效天职。潮失故道，逼于盐官。有司捍防，民力既殚。神职或缺，孽邪为害。浙郡多下，恐就沦败。民实何辜，不德在予。相臣来言，交修用孚。乃敕中外，悉智展力。相尔有神，聿底宁一。我土既同，民生莫安。六府修治，报祀万年。尚飨。

元祭海神文（虞坤林提供）

明代是历史上潮患最烈的时代，统治者对待潮患的态度起了根本性的变化。永乐十六年（1418），岁次戊戌，十一月丁未朔十八日甲子，皇帝遣保定侯孟瑛、礼部侍郎易英致祭于南海之神。

朕膺天命为天子，主宰万方。一民不得其所，实切朕怀。兹浙江屡奏，潮水弥漫，冲突堤岸，决裂土田，荡毁民舍。俾民父母妻子，遑遑无栖。抑且筑堤防，辛勤劳悴，不获休息。朕尤怜念，夙夜靡宁。惟神受上帝命，职司南海，南海之民皆上帝所育。上帝好生而恶死，福善而祸淫。神体上帝意，凡水旱疾疫之为民患者，皆宜捍御之。今浙之民遭荼毒，而神罔知怜恤，岂上帝之命乎？抑神受上帝命，而不敢违乎？如果上帝有命，而神不敢违，朕请命上帝，以苏民瘼，俾免垫溺之患，以遂夫生养之愿。斯朕不负上帝所托，而可无愧父母斯民之责。如非上帝所命，神宜体上帝好生之心，阴垂休庇。俾水患消，民得以安居乐业，岁获丰稔，永享太平之福，则其民受上帝之惠，永久无穷，而神亦不负上帝所托矣。维神其鉴之。尚飨。（明嘉靖《海宁县志·宸翰》）

祭文完全是一种哀告，祈求潮神"体上帝好生之心，阴垂休庇"，可以将之看作是官方对待潮灾立场态度的第二个阶段，由镇海、弹压的铁腕手段改而怀柔，直至毕恭毕敬。

第三阶段，最高规格的虔诚敬奉。

清雍正十一年（1733）二月，皇帝遣内大臣海望、直隶总督李卫等致祭海神，其祷文曰：

祭祀潮神（张庆中摄）

　　明神受职于天，恩覃泽国，御灾捍患，利赖宏深。凡兹东南黎庶，所得保室家而安耕凿者，神之赐也。朕躬膺天命，抚驭寰区，夙夜敬共，以承上下神祇之祀，所期海宇苍生永蒙庇佑。惟兹浙西郡邑，实为濒海要冲，比年以来，仰荷神灵嘉贶，频昭安澜共庆。乃者，风潮鼓荡，冲溃堤防，近逼民居，吏人震恐。朕痌瘝在念，轸恻惟殷，专遣重臣，周行相度，涓日鸠工，为海疆图久远奠安之计。用是洁诚致祷，虔命在工大臣，敬展祀事，昭告悃忱。伏维明神俯念海潮亿万生灵，城郭田庐，于兹托命。堤工木石，皆出脂膏，力役所需，民众劳苦。伏冀弘幸福佑，默相大工，绥静白灵，风恬波息，俾工作得施，长堤孔固，克底厥绩，护卫烝民，保聚生全，安享乐利，则东南列郡，溥被麻祥。朕实拜明神之功德于无疆矣。谨告。

皇帝以一国之尊的身份，态度虔诚、言辞恳切地向神灵祈告，"于兹托命"。至此，统治阶层与海宁民间在潮神祭祀上的立场与态度渐臻一致。

在这个阶段里，统治阶层完成了"前倨后恭"的整个转变。自雍正开始，清代统治者在潮神祭祀方面采取了以下举措。

雍正十一年致祭海神文（虞坤林提供）

第一，由最高统治者敕封"护国宁民显佑浙海之神"，作为潮神的象征。与民间供奉的潮神不同，这一位"浙海之神"没有任何出典，也不以任何历史人物或神话传说中的人物作为原型，是彻底"形而上"的神灵，凌驾于海宁民间供奉的形形色色的各位潮神之上，与其说是神灵，不如说是皇帝意志的一个化身。在此之前，历朝的祷文中对海神都是一种泛指，至少是没有明确祷告的对象，接受祭祀和祷告的海神究竟是谁，没有标准答案，所以在清代之前，统治阶级心目中的海神基本上就是一个无实指的概念，是"能指"而不是"所指"，用流行歌曲的风格来描绘，就是"苍天之下有个大海，海神就住在大海里面，风啸浪翻排山倒海，海神啊，你到底是谁？"雍正皇帝解决了这个问题，确立了潮神祭祀的目标对象，同时也给海宁民间膜拜的诸多潮神搭建了组织架构——以"护国宁民显佑浙海之神"为首，下辖各位民间潮神。

第二，在当时的州府盐官敕造占地四十余亩的海神庙，完全按照清代宫殿的格局，分为左、中、右三个系列建筑，中轴线上主殿的天花板上绘有皇家建筑才能用的团龙团凤图案，以皇家的规格待遇来显示潮神所受到的重视程度。主殿供奉"浙海之神"的汉白玉神位，并敕封春秋时期的越国上大夫文种、汉代忠烈公霍光等一批从祀浙海之神的潮神。

第三，将海宁各地民间供奉的潮神都列为海神庙的从祀，在中轴线的东西配殿供奉其神位，作为海宁潮神祭祀的对象。

第四，自雍正起，乾隆、道光、同治等历代清朝皇帝纷纷为海神庙题写匾额。雍正为海神庙题写碑文。

第五，以皇帝的名义祭祀潮神。清乾隆年间（1736—1795），皇帝数次视察海宁海塘，并御笔亲书《阅海塘记》。

以上这些举措作为官方对潮神祭祀态度根本性转变的标志，其实质意义在于：

其一，以皇帝的意志来"大一统"海宁民间的潮神崇拜现象，敕封"浙海之神"，以最高统治者意志的化身坐镇杭州湾北岸的盐官海塘，统辖民间膜拜的诸多潮神，形成一个强大的潮神组合，并且"群龙有首"。

其二，以民间潮神从祀"浙海之神"，代表了最高统治者对海宁民间的潮神祭祀的一种认可，并且把民间的祭祀活动纳入官方范围之中，既是安抚民众的一种手段，也代表了官民对待潮灾高度一致的态度，由于有了一位在海神庙统辖民间诸多潮神的"浙海之神"，盐官海神庙的庙祭就名正言顺地成为官方的潮神祭祀大典。

其三，把海宁潮神祭祀活动定型化，形成比较固定的祭祀仪程，包括了祭祀的频率、时间、程式、规格等，引导着海宁潮神祭祀走向规范，以体现"国家虔守祀典，以承上下神祇，岳渎镇海之神，秩祀惟谨"（《雍正撰海神庙碑记》）之义。

其四，确立偶像，认定对象，将潮神祭祀升格到了其他的祈祷、祭祀仪式之上，澄清民间潮神祭祀的泛化现象，由此，潮神祭祀在海宁不但得以长期流传，而且还享有其他祭祀所没有的崇高地位。

二、潮神祭祀的内容

潮神祭祀的对象大致可分为两类，一类可说是官方意志的体现，还有一类是民间自发膜拜的偶像。而祭潮神的场所，除了功能单一的官方殿宇和承载众多愿望的民间庙宇，还有以佛教名义建造的庙宇，借助神佛的能量抑制潮灾。海宁的潮神祭祀存在着官方祭祀和民间祭祀两种形式，这两种祭祀的目标与内容具有许多共同点，但是在仪典的规格、格局和礼节方面有很大的差别。

二、潮神祭祀的内容

[壹] 历史上的潮神

在海宁潮神祭祀的历史中，"神人同形"的现象很引人关注，绝大部分潮神，无论是民间供奉还是官方敕封，都有着很生动的人物个性与治潮抗灾的感人情节，并与海宁的整个治潮史的各个阶段相呼应衔接，如采用石囤木桩法修筑海塘、改柴塘为石塘等。在这些潮神的传说故事中，他们的"人性"大于"神性"，强调的是对待天灾的"不可抗力"却不屈不挠、屡治屡败、屡败屡治的意志以及舍身抗灾的悲壮。以下列举的潮神分两种：一种是在各地无供奉的庙宇，到清代才钦定为海神庙从祀的潮神，大体上是官方意志的体现，例如文种、霍光等历史名臣；另一种是在海宁各地，尤其是沿海湾一带有专门庙宇供奉的，基本上是民间膜拜的偶像。到了清代，民间膜拜的潮神被纳入整个潮神祭祀的系统之中，一统于盐官海神庙。

浙海之神

盐官海神庙主神，全名"护国宁民显佑浙海之神"。清雍正八年（1730）敕造海神庙时由皇帝赐封。立庙时无神像，在庙宇大殿正

浙海之神像（张庆中摄）

中立"护国宁民显佑浙海之神"的汉白玉神位。20世纪90年代整修海神庙时，参照古代帝王形象，在大殿塑造了神像。

供奉于海神庙大殿。无出典，因而泛称"明神"，是清代海宁潮神祭祀的中心对象。

钱镠

清康熙六十一年（1722）从祀海神庙，雍正五年（1727）敕封诚应武肃王，雍正十一年（1733）配食海神庙。

历史人物。生于852年，死于932年。杭州临安人，字具美（一作巨美），小字婆留，五代时吴越国建立者，后梁开平元年（907）封为吴越王。在位期间，曾在太湖流域建造堰闸以时蓄泄，并建立水网

钱镠像(张庆中摄)

圩区维修制度,有利于当时经济发展。钱镠在杭州采用石囤木桩法构筑海塘,以石块和木桩代替泥土,坚固而不易崩坍,后称"钱氏旧法"。钱镠所修筑的海塘历经八百多年风雨海潮,在抵御潮灾侵害、保护沿海民生方面起了很大作用。

在抵御潮灾方面,民间有"钱王射潮"的传说,在海宁流传极广。

伍子胥

宋代始供奉于盐官海塘伍公庙。

清康熙六十一年(1722)从祀海神庙,雍正三年(1725)敕封英卫公,雍正十一年(1733)配食海神庙。

历史人物。生年不详,卒于公元前484年。春秋时期楚国大夫

伍子胥像（张庆中摄）

伍奢之子，名员，字子胥。公元前 522 年，伍奢被杀，伍子胥逃亡进入吴国，助公子光（即吴王阖闾）刺杀吴王僚，夺取王位，整军经武，吴国由此日盛。攻破楚国后，以功封于申。到了吴王夫差时，主张拒绝越国求和并停止伐齐，未被采纳，渐被疏远，最后吴王赐剑命其自杀。民间传说，伍子胥死后入海，驱海为潮，做了海潮王。"怒势豪声进海门，州人传是子胥魂。"（宋·米芾《绍圣二年八月十八日观潮浙江亭》）

　　钱塘江本来由东海龙王独霸，多了个海潮王以后，昼夜两潮把钱塘江搅得昏天黑地，撼动龙王宫阙。一海不容两王，龙王恼怒之下，要与海潮王一决雌雄。某日，龙王率领全部虾兵蟹将大战海潮王,伍子胥生前是赫赫有名的大将,精通兵法,身经百战,武艺高强,几个回合下来,龙王招架不住,败下阵来。从此,龙王被迫搬出水晶宫,在沿江的岸上建起了龙王庙。伍子胥知道龙王用的是"以退为进"的缓兵之计,就依样画葫芦,在每一座龙王庙的边上造一座海神庙,虎视眈眈,日夜守候,让龙王无喘息之机。因此,那时的海宁沿海一带有九座龙王庙,还有九座海神庙。

后来,伍子胥趁龙王不备,发动潮水冲破堤岸,直奔岸边的各座龙王庙,每座龙王庙里水漫金山,龙王菩萨被淹成一堆烂泥,而近在咫尺的海神庙却安然无恙。从此就有了"大水冲进龙王庙"的说法,人们把伍子胥称为"潮神",把八月十八奉为潮神生日。

文种

清康熙六十一年(1722)从祀海神庙,雍正十一年(1733)配食海神庙。

历史人物。生年不详,卒于公元前 472 年。字会、少禽,一作子禽,春秋末期楚之郢(今湖北江陵附近)人,在越国做过上大夫。与历史名臣范蠡一同为越王勾践谋划复兴大计,在灭掉吴国以后,被勾践赐剑自杀,葬于会稽(今绍兴)西山。传言,文种死后,潮神伍子胥怜他同命之苦,就驾潮冲开了他的坟墓,携他共游钱塘江。所以,潮水来时,前面怒滔滚滚的是前潮神伍子胥,后面推波助澜的是后潮神文种。"前潮水潘侯者,伍子胥也;后重水者,大夫种也。"

文种像（张庆中摄）

天妃

南宋隆兴二年（1164）始供奉于盐官前街西侧的天妃宫。

清雍正十一年（1733）主祀海神庙天后宫。

传说人物。即妈祖，原名林默，生于北宋建隆元年（960），雍熙四年（987）羽化升天。因生下至满月不曾有哭声，故取名"默"。从小聪颖，5岁就能诵读观音经，11岁能按节乐诵经，后得玄通道士传《玄徽秘法》。传说，林默幼时与女伴嬉戏，看到一口古井，水清如镜，一神人手执铜符从井底冲上来，女伴吓得四下走散，林默急忙跪拜，神人将铜符交给她，并嘱她为民辟邪除害。此后，林默助乡民驱邪治病，观天象预测风云，拯救海难，成年后能驾云渡海，人们称她

天妃像（张庆中摄）

为"神女"，屡屡显应于海上，被人视为"海神"，尊称为"海峡女神"。元至元二十六年（1289），被封为"护国显佑明著天妃"。明洪武五年（1372），封"昭孝纯正孚济感圣妃"。明永乐七年（1409），加封为"护国庇民妙灵昭应弘仁普济天妃"。清康熙二十三年（1684），加封为"护国庇民妙灵昭应仁慈天后"。

崔珏

唐代供奉于盐官崔府君庙。

历史人物。隋大业三年（607）六月初六生，卒年不详。生于祁州鼓城附郭村，字子玉，做过滏阳县令，称崔府君，史称他"多异政，能断冥事"。卒后，唐太宗感梦封其为"护国公"。宋高宗南渡，夜憩府君庙，有神扶其首，起知追兵蹑之急，忽见一白马，乘之，宵遁行七百里至御儿乡，其马遂不行，乃泥马也。南宋帝都南迁至杭州，首为立庙，赐额"显卫"。

元代《广佑王事略》序载："广佑王者，唐滏阳县令崔子玉也。……既殁为神，能以忠义辅国匡济危难，故自赵宋南迁，凡所在咸祀焉。其事功载于简册，德惠洽于人心，虽久而民不能忘也。海昌旧有庙，众称灵异。"

彭文骥、乌守忠

彭文骥，元代始供奉于盐官校场彭乌庙，另于盐官春熙门外的彭乌祖庙（俗称七里庙）中供奉，清雍正九年（1731）与乌守忠双双

彭文骥像（张庆中摄）

乌守忠像（张庆中摄）

从祀海神庙。

　　传说人物。两人均为元朝人，生卒年月不详。彭文骥字公德，乌守忠字子朴，均为盐官当地人，世代居住在海边。元泰定三年（1326），海潮泛滥，朝廷下令修筑海塘，但不拨银两，彭文骥与乌守忠一起竭尽家财修筑海塘，未能抑制潮患，地方官劝谕灾区民众内迁，彭、乌两人拒绝逃离，并发誓，生不能修成海塘，死了也要抵御海潮之灾。不久，彭文骥与乌守忠在筑塘时淹死于海中，死后大显神通，平息海潮，海塘得以筑成。他们二位的事迹传到朝廷后，朝廷为彭、乌二神立祠庙。明嘉靖三十年（1551），塘又坍塌，二神再度显灵保堤,朝廷敕封"护国佑民永固土地"。

张夏

宋代始供奉于长安镇。此外,在今丁桥镇海潮村的西捍沙庙、今斜桥镇林家亭子一带的林云禅寺也都供奉张夏为潮神。

清雍正十一年(1733)从祀海神庙。

历史人物。北宋人士,生卒年月不详,浙江萧山长山人,人称"十一郎官"。因其父是五代时期吴越国的刑部尚书,得荫授泗州知州。任上,泗州遇大水灾,田宅被淹,张夏招募民工,修建堤塘,疏导河渠,抗涝救灾。北宋景祐年间(1034—1037),以工部郎中出任两浙转运使,勤于修筑海塘以抵御潮灾。钱江海塘年久失修,有许多

张夏像(张庆中摄)

段已经垮塌，张夏不但主持修复，还"改柴为石"，加固塘堤。当时，海塘均用木柴、泥土垫筑，常被江潮冲毁，他首次倡用石块堆砌塘堤，钱塘江始有石塘。因护堤有功，又被誉为"捍沙大王"。

张夏死后，朝廷嘉其治水有功，追封宁江侯；北宋嘉祐八年（1063）又封太常少卿，南宋淳祐十一年（1251）封显公侯，咸淳四年（1268）敕封护塘堤侯；清雍正三年（1725）敕封静安公。民间尊称他为"张老相公"，又称"张六相公"。

朱彝

元大德二年（1298）始供奉于新仓以北皇岗集镇西侧的朱将军庙。此外，袁花镇东北侧的天仙府庙（又称朱令公庙）亦有供奉。

朱彝像（孙力摄）

清康熙六十一年（1722）从祀潮神庙，雍正十一年（1733）从祀海神庙。

传说人物。北宋人士，生于北宋治平四年（1067），卒于崇宁三年（1104）八月，海宁人。有神力，能拔牛尾驱其倒行。南宋初年曾显灵保境，封为太尉。南宋宝祐二年（1254），涌潮为害，祝祷告有灵，封灵佑将军。元大德二年（1299）建庙崇祀后，又加封护国灵感宏佑公。明永乐十八年（1420），杭州湾赭山海门大开，涌潮为患，冲塌海宁一带塘堤，保定侯杨孟瑛致祭朱将军佑护，方筑就塘堤。

晏戌仔

元代始供奉于晏公庙（今硖石街道双合村一带）。

晏戌仔像（张庆中摄）

清雍正十一年（1733）从祀海神庙。

传说人物。生卒年月不详，江西清江（今江西樟树）人。浓眉大眼，面黑如漆，性情刚烈，疾恶如仇。平民百姓尊他为行侠仗义的英雄，地方上的地痞流氓、恶老恶少都十分害怕他。后来，他入朝为官，因病辞官，在回家途中去世。仆人将他的尸体装上棺木运回家。船还在路上，家里的人就看见他骑高头大马带着随从升天而去。船靠岸，家人打开棺木，肉身已不见，只剩一堆衣服。他托梦给家人，言因为人刚直，已被天帝封神，保护江河湖海船只安全。父老乡亲纷纷建庙祭祀他，船民们经常在江河湖海上看到他显灵。船家行舟经过庙前，只要进庙里拜他，就可保水途平安。遇到风浪时向他祷告，可使风浪平息，风帆绳缆牢固。明太祖听到他的事迹，下诏封晏公为显应平浪侯。

胡璁

南宋始供奉于长安镇胡令公庙。

清雍正十一年（1733）从祀海神庙。

历史人物。生卒年月不详，字进恩，浙江义乌人。唐宪宗（806—820）时，因战功升任将军，人称"胡令公"。唐大中元年（847）在钱塘任职，修筑了赭山东塘和西塘。唐宣宗（847—858）中期，奉命至海昌，召安国寺齐安禅师，过长河海神祠，立化于庭。追封升平将军，与海神共祀。宋高宗南逃至长河，无船南渡，入庙祝祷，忽有大

胡涏像（孙力摄）

船来迎，来人自称胡进恩家人，高宗得救。南宋建炎元年（1127）封为海神，在长安镇运塘河东建胡令公庙。

石瑰

唐咸通年间（860—873）始供奉于周王庙集镇北的石王庙。

清雍正十一年（1733）从祀海神庙。

传说人物。生卒年月不详。自幼勤劳勇敢，助人为乐，长大后神力超人。石瑰生于江边，天天与众人一起筑堤围田，屡筑屡垮，屡垮屡筑，不屈不挠地与潮灾反复折冲。唐长庆二年（822），江潮异常猛烈，杭州一带涌潮为患，石瑰倾家财和众人奋力筑堤，自冬至夏，

石瑰像（张庆中摄）

不成，最后死于抗潮救灾。朝廷降旨封石瑰为潮王。南宋嘉熙年间
（1237—1240），加封忠惠显德王。

曹春

宋代供奉于西南岩峰下的曹将军祠。

传说人物。生于南宋嘉定六年（1213）二月初四日卯时，相传
他"性好施予，人有疾，延医治之，有难，匍匐救之，衣寒食饿，岁以为
常"。37岁时，沐浴更衣端坐，谓妻子曰：吾当至婺源。语毕而化。
明年九月，有人自徽州来，至其家，曰："此非曹将军之居乎？某乃婺
源灵顺庙之主奉也，将军显灵吾庙，救民灾患，多所生全，特亲至汝
家以圣像授尔。"其子乃奉像于中堂，病者祈之辄瘥，海舟过涛则无

曹春像（张庆中摄）

虞,卤不能成盐,叩之无不称遂。是年秋,天旱潮涸,子斋戒祷祠下,须臾潮水陡至,官民大喜,乃捐俸葺祠。

陆圭

宋代始供奉于丰士镇鄮墅庙。

清雍正十一年（1733）从祀海神庙。

历史人物。北宋人士,生卒年月不详。字朝章,昭庆军人。以荫补泗州兵马都监。北宋宣和年间（1119—1125）,当地发生严重灾荒,陆圭开仓放粮,救活了无数饥民。曾领军镇压过方腊起义军。后,再一次率师返回钱塘江时,因船沉而溺毙,朝廷封广陵侯。传说,南宋绍兴年间（1131—1162）,陆圭曾率阴兵退潮。南宋淳祐年

陆圭像（张庆中摄）

间（1241—1252），潮水多次冲毁江堤，刚刚加固就又被冲垮，所谓屡筑不就。当地人在江畔祷祝呼告，不多时，就有浮石升上江面，陆圭与三位女神显灵，立于石上，挥舞旗帜，潮水立即平息，海塘这才重筑成功。传说陆圭为潮神，三位女神分别是显济、通济、永济夫人，各自管辖护岸、交泽和起水。

周凯

唐代始供奉于辛江塘拱辰桥北塊的周王庙。

清雍正十一年（1733）从祀海神庙。

传说人物。生卒年月不详，相传是西晋人。字公武，浙江横阳人，世居海边，屡见居民遭海水危害。他建议随地形导三江，东注于

周凯像（张庆中摄）

海。西晋永康年间（300—301），三江逆流，飓风挟怒潮为害，他张弓发箭，高呼冲入潮中，最终献出自己的生命。《周公庙碑记》说他"奋然曰：'吾将以身平之。'即援弓发矢，大呼冲潮而入，水忽裂开，电光中见神乘白龙东去。但闻海门有声如雷，而神莫知所在矣。俄而水势平，江祸乃绝"。据说，当时潮水忽然分开，电光中见他乘白龙飞升东去，水势即平。历代人民十分崇敬这位治水英雄，朝廷也屡加封赐。唐初，封为平水显应公，寻升王爵，赐冕赤，并建庙祭祀。明代，封为横山周公之神。

黄恕

清雍正十一年（1733）从祀海神庙。

黄恕像（张庆中摄）

　　传说人物。南宋人士，生卒年月不详。字文揆，号东浦，湖北襄阳人。南宋淳祐八年（1248）任转运判官时，定海县和尚塘经常决堤，导致海潮涌入，桑田尽毁，百姓深受其害。黄恕平素廉洁，受命治理潮患。他亲临海塘，风餐露宿，然而塘堤日筑夜溃，未能成功。一日，黄恕望着决堤处对大伙儿说："我用身子去堵涌眼，你们不要怕我性命难保，全力向我投石块泥块。"说完就骑着马跃入决堤处，不多时，人马皆溺死水中，众人挥泪抛石，堤塘不再漏水。百姓为其立祠祭祀。

汤绍恩

　　清雍正六年（1728）封宁江侯，春秋致祭，雍正十一年（1733）从

汤绍恩像（张庆中摄）

祀海神庙。

　　历史人物。明代人，生卒年月不详。字汝成，四川安岳人。明嘉靖五年（1526）进士，十四年（1535）由户部郎中迁德安知府，后任绍兴知府。当时，会稽、山阴、萧山三县之水均汇三江口入海。由于潮汐日至，淤积泥沙堆垒成山丘，遇长期阴雨，发生内涝，内陆积水被沙堆阻隔，不能外流入海，遂淹没良田，酿成涝灾。嘉靖十五年（1536）七月，汤绍恩到任后，察看山川地势，了解河道流向，在彩凤山与龙背山之间倚峡建闸，主持三江闸工程。历时六个月竣工，全闸二十八孔，长三百一十尺，全部用块石垒成，石体巨大，每块重千斤以上。块石之间均以阴阳榫嵌合衔接，石缝用灰秫和生铁浇灌相黏结，十分牢固，并在柱石上凿刻水位标志。第二年，又在闸外加筑长四百丈、宽四十余丈的护塘大堤。同时，为了分削水势，汤绍恩主持在三江塘与三江闸之间相继兴建了平水、泾溇、撞塘诸闸，同三江闸相配合，形成外扼潮汐、内主泄蓄的三江水系，从此无干旱水溢之虞，改变了三县水利状态，对发展农业、渔业、养殖业、航运等具极大作用。

曹娥

清雍正十一年（1733）从祀海神庙天后宫。

传说人物。生于东汉永建年间（126—131），卒于东汉汉安年间（142—144），浙江上虞人。传说，曹娥的父亲曹盱于汉安二年（143）五月初五驾船在舜江中迎潮神伍君，逆流而上，失足堕入江中溺死，不见其尸。十四岁的曹娥沿江寻找父尸，号哭昼夜不绝，

曹娥像（张庆中摄）

七日后自投于江而死，五天后与父尸相抱浮上水面。为纪念她，后人把舜江改名为曹娥江。东汉元嘉元年（151），上虞长度尚葬曹娥江南道旁，立碑于墓侧，邯郸淳撰文，蔡邕题识。北宋元祐八年（1093），宋哲宗在上虞敕建曹娥正殿，大观四年（1110）敕封灵孝夫人，政和五年（1115）加封昭顺。南宋淳祐六年（1246）敕封纯懿夫人，又敕封其父为和应侯，其母为庆善夫人。元至元五年（1268）加封慧感夫人。明洪武八年（1375），朱元璋命人赴庙祭奠，诚意伯刘基亲撰诔文。清嘉庆十三年（1808）敕封福应夫人，同治五年（1866）加封灵感夫人，钦赐"福被曹江"匾额。

陈旭

明代始供奉于仁和县茶槽庙。

陈旭像（张庆中摄）

清雍正十一年（1733）从祀海神庙。

传说人物。明永乐年间（1403—1424）人，生卒年月不详，新城（今杭州市富阳区新登镇）茶商。仁和皋亭山一带屡受潮水之害，陈旭出钱修筑海塘，后来海塘被冲毁，他跳入水中以身堵流，死后尸身随着潮水浮到皋亭山，沙随尸涨，海塘才得以修筑成功。受封为茶槽土地兴福明王。

霍光

清雍正十一年（1733）从祀海神庙。

历史人物。西汉人，生年不详，卒于公元前68年。字子孟，封博陆侯。三国时，东吴国君孙皓封他为捍海之神，在金山盐场立祠，以御潮患。北宋宣和二年（1120）赐额匾"显忠"，次年封忠烈公。

霍光像（张庆中摄）

[贰] 潮神祭祀的场所

祭祀潮神的场所，大致可分为以下几种。

一种是奉旨建造的潮神殿宇，如黄湾小尖山的潮神庙、盐官海神庙这一类的殿宇，是以供奉祭奠潮神为唯一功用的专门场所，具有浓厚的官方色彩。

一种是海宁地方上，尤其是为民间膜拜的潮神偶像而建造起来的庙宇，供奉的潮神随一地的民间传说而不同，这一类庙宇所进行的祭祀中掺杂了海宁各地百姓的众多祈愿，除了免受潮灾荼毒以外，还包含着百姓安居乐业所需的一切愿望，有捍沙庙、周王庙、林云禅寺等。在祭祀仪典上，佛、道等各种元素均融入其中。这一类庙宇占海宁潮神祭祀场所的多数。

还有一种是以佛教名义建造供奉神佛的庙宇，借助神佛的能量抑制潮灾，如建成于清乾隆元年（1736）的尖山观音庙，弘历曾撰碑文，内有"朕惟海，天地间为物最巨，非有神灵默相，人力将无所施功。而佛法不可思议，恒能赞助造化，庇佑苍黎，有感必通，捷于影响。释氏所称观音大士者，以慈悲为心，救度为缘，普济众生，随声应现，其功用大矣。我皇考为民祈福之心，无乎不至。神之能为御大灾、捍大患者，敬而礼之"等内容。总而言之，是充分发动"神众"，团结一切可以团结的力量来抵御潮灾。

从东西的横向上看，海神庙沿海湾线的海塘密集布点，在50多

海神庙全景（张庆中摄）

千米的海湾线上，大约平均3千米左右就有一座海神庙，其中尤其密集的几个点依次是：黄湾的大小尖山一带，这是潮水进入海宁境内的关隘，所谓首当其冲之地；当时的县治盐官一带，这是海宁的政治经济中心，也是"浙海之神"所在之地；还有翁家埠一带，这是海宁界域之西端尽头，也是潮水西出的门户所在。

从南北纵向上看，由南往北，海神庙的分布点由密集逐渐稀疏。这种分布特点说明，潮灾影响越是直接，潮神膜拜也就越兴盛，潮灾危害与潮神祭祀之间的关系也就越明显。

海神庙

又称庙宫，位于今盐官镇春熙路150号。清雍正七年（1729），朝廷发内帑金十万两敕造，至雍正九年（1731）建成。清咸丰十一年至同治元年间（1861—1862），因太平天国战乱毁坏，光绪十一年（1885）重建，至光绪十三年（1887）建成。1994年，海宁市文博单位修复大殿。1998年，重建东西配殿。

　　海神庙完全按清王府的宫殿格局建造，坐北朝南，占地四十余亩。宫门台阶下是花岗岩方石铺就的广场，一对高1.8米的汉白玉狮子守护门殿，旗杆石分列庙门檐柱前，大庙门墙左右各有汉白玉牌坊一座。庙门台阶的百步之外有庆城河护宫，河上有庆城桥。整个庙宫分为左、中、右三个部分，东、中、西三条轴线贯通前后。

　　中轴线从门殿往北延伸，有正殿、御碑亭和寝殿，仪门左右各有钟楼和鼓楼。

　　正殿五楹，七级台阶，门梁悬挂三块匾额，正中的匾额是乾隆皇帝在清乾隆二十七年（1762）驾临海宁时题写的"澄澜保障"，左面是同治皇帝在同治十三年（1874）题写的"鲲壑镜澄"，右边是乾隆

海神庙正殿（孙力摄）

四年（1739）颁御书横匾"清宴昭灵"。左右有柱联，上联"百谷归墟泽汇江湖资利济"，下联"三廛循轨潮平鬼赭庆安恬"。殿内正中供奉"护国宁民显佑浙海之神"，神位顶端有龙首俯冲吐水的正面图案（龙首今已不存），是海神庙的主神。主神神位左右两侧，钱镠与伍子胥神位相向而立。大殿的天花板上工笔彩绘了"龙凤和玺"图案共八十一幅。

大殿通面阔 29.10 米，通进深 19.10 米，高 21.20 米，重檐歇山顶。汉白玉须弥座台高 1.30 米，陛四出七阶，正殿周施汉白玉石栏杆。南出月台亦施汉白玉石栏，台基束腰、望柱、鼓抱石、栏板均雕有飞禽走兽、海潮、花草、回纹、云纹等，栩栩如生，雕刻精细。大殿明间面阔 5.75 米，次、梢间均为 4.49 米，殿内 48 根柱子排列规整，柱端置汉白玉柱础、磉石，24 根下檐廊柱均为汉白玉方柱，柱础、石柱雕有回纹，内柱、老檐柱直径达 80 厘米和 73 厘米，为镶包做法。

庙宫为抬梁式木构，内柱高 13.70 米，承托七架梁，梁端安金桁，其下为随梁枋，其上置二童柱，承托五架梁，梁端安下金桁，其上置童柱，承托三架梁，梁端安上金桁。居中置脊童柱，内柱随梁枋下与额枋间均置一斗六升隔架斗拱，每攒斗拱间为垫拱板，老檐柱高 10.64 米，顶上檐额枋、平板枋，置五踩重昂柱头科斗拱，上置挑尖梁与内柱，为榫卯结构，挑尖梁上设童柱、单步梁承托步桁，桁碗安正心桁，外拽安挑檐桁，挑尖梁下有穿插枋使老檐柱与内柱相连。在角科斗拱搭角梁上安老戗，老嫩戗做法糅合了江南建筑的传统工艺，翼角起翘较高。下檐汉白玉方柱高 5.12 米，额枋平板枋置五踩重昂柱头科斗拱，上置挑尖梁与老檐柱，为榫卯结构，其上桁碗安正心桁，外拽安挑檐桁。挑尖梁中置立童柱与单步梁承托廊桁，其下穿插，方使廊柱与老檐柱相连。下檐翼角如上檐。上檐共置四攒角科斗拱、十二攒柱头科斗拱、五十二攒平身科斗拱，下檐共置四攒角科斗拱、二十攒柱头科斗拱、六十二攒平身科斗拱。昂头卷曲成云头状，里外拽横拱为蝙蝠祥云花纹，制作规则精细，斗拱间为垫拱板，上覆雁翅板。梁额枋制作规整，多数比例为 5∶4，梁枋下均设丁头拱、雀替，雕刻精细。板筒瓦屋面正脊高 19.70 米，两端塑鸱吻，中塑飞龙一对，并塑"保厘东海""永庆安澜"八字，垂脊外侧为排山勾滴、博缝板，脊首塑仙人，戗脊与垂脊相连。下檐博脊塑合角吻，戗脊与博脊相连。上檐四周为格扇横风窗，下檐前后老檐柱置地伏抱框、安格扇门，余为砖墙。

室内藻井、梁额等遍施团龙、团鹤、龙凤、蝙蝠、麒麟等彩绘，画工精致，历久不褪，仰观环视，满目生辉。殿内存雍正以后历代皇帝亲书匾额柱联，供奉"浙海之神"，左右配享钱镠、伍员。清时官祭，由礼部太常寺颁定祭品、仪式，并规定"俱公服""朝服"致祭。乾隆皇帝曾二度诣庙拈香，颇引人瞩目。1993 年 2 月至 9 月，文物部门对正殿进行了为期八个月的全面修缮。

　　殿门前月台朝南正中设五级台阶,东西南三面以汉白玉栏板栏杆为界。月台正中置香炉,东西两侧各有出口台阶。

　　正殿之后是御碑亭,八角重檐亭攒尖顶,黄色琉璃瓦,斗拱藻井,供奉雍正《海神庙碑记》汉白玉碑,碑高543厘米,宽199厘米,厚31厘米。正面阳刻碑文,背面阴刻乾隆《阅海塘记》全文。

　　御碑亭之后是寝殿,两层。

　　以上是海神庙的主体部分,两侧东轴线和西轴线建筑也是前后三进的格局。

　　东轴前进是斋厅、戏台;中进则是天后宫,供奉天妃神位,两旁有厢楼,以广陵侯季女、曹娥从祀;后进为道院殿。

　　西轴中进置风神殿,有卷棚高轩;后进是水仙阁,设御座。

　　祭祀潮神的主场是正殿和殿前的月台,上供和祭祀的仪式在殿中的"浙海之神"神位前进行,官员与信众分列神像两侧,主祭在神位前宣读祭文。宣读完毕后,主祭手持祭文领着众人鱼贯出殿,在殿前月台的香炉中焚化祭文。

　　潮神庙

　　位于海宁市东南部黄湾镇尖山新区,坐落在小尖山的山脚下。清康熙五十九年(1720)敕建,六十一年(1722)敕封"运德海潮之神"。清乾隆五年(1740)于山之西麓设行祠福宁宫,乾隆三十三年(1768)重修殿宇,今芜。

御碑亭（石晨阳摄）

供奉敕封的"运德海潮之神"。英卫公伍子胥、上大夫文种、武肃王钱镠配亨。令公胡遄、佑公朱彝、静安公张夏、永固土地彭文骥及乌守忠从祀。前殿侧的六角亭中供设天妃。清乾隆二十七年（1762），皇帝御笔亲题殿额"恬波孚信"。殿中有柱联，上联"池通潮夕安江裔"，下联"川障东南护海门"。清道光十六年（1836）三月，颁御书"灵源符候"匾额。

清代诗人查慎行有诗题赞潮神庙曰："路转山回水接天，高甍巨桷镇山前。神封不以公侯重，睿藻长如日月悬。云散蜃楼呈象出，波平龙窟抱珠眠。尧民同此安耕凿，来与君王祝万年。"

观音庙

位于黄湾镇南端的小尖山山顶，临海依山，有清雍正十三年（1735）敕造，今已不存。2003年，择址黄湾大尖山西坡另建观音庙。

供奉观音神像。

山门内有钟鼓楼，大殿三楹，有清乾隆三十年（1765）御笔亲题的殿额"补陀应观"。柱联上联为"耳观海潮音非彼非此"，下联为"心源甘露品大慈大悲"。东西配殿六楹，前有御碑亭，立乾隆二年（1737）高宗御书《尖山观音庙碑记》，碑文中有"尖山之名，虽未显于古，而与灵鹫、落迦远近相望，层岩巉嵘，近接潮音，实为神明之宅……而冯夷息警，飓风不兴，并海之民安居乐业，熙熙然耕田凿井……"之句。清道光十六年（1836），颁御书匾额"法云照海"。

观音庙前的观音像（沈凤娟摄）

庙东建有御座亭、观海阁。

天妃庙

又称天后宫，位于当时的县城盐官往东五里。南宋隆兴二年
（1164）建造。后改为东岳行祠。明成化十三年（1477），移址州治
盐官城西。清咸丰十一年（1861），战乱被毁，同治年间（1862—

1874）重修。芜于清末民国初年。

庙有正殿与后殿，正殿供奉天后神像，后殿供奉观音大士。清道光十六年（1836）三月，颁御书"恬波昭贶"匾额。

崔府君庙

位于今盐官镇以北，郭店集镇之南，清代地方志载"在县东北一百四十步"。始建年份不详，元至正二十一年（1361）重建。清康熙十四年（1675），海宁知县许三礼建太岁殿，康熙十五年（1676）重修真君殿，乾隆二十七年（1762）里人捐修，光绪三年（1877）重修，今已不存。

供奉崔府君。

古彭乌庙

位于当时的县城盐官教场一带，建于元代，清咸丰年间（1851—1861）遭战乱毁废，同治丁卯、壬申年间（1867—1872），民间募资重建山门和正殿两进，今已不存。

供奉彭文骥和乌守忠。

另有彭乌祖庙在盐官城春熙门外七里，俗称七里庙。元代建造，今已不存。

镇海庙

位于当时的县城盐官南门外海塘边，"距城南百步"。建造年代不详，清咸丰年间（1851—1861）遭战乱被毁，同治初年重建，今已不存。

供奉"捍海诸神"。

龙王庙

位于当时的县城盐官城南捍海塘畔。建造年代不详。清雍正年间（1723—1735）捍海塘内移，龙王庙移建塘内山川坛右侧。清咸丰年间（1851—1861）遭战乱被毁，清同治初年重建，今已不存。

供奉龙王。

伍公庙

位于当时的县城盐官南门外海塘边。建造年代不详，清代中期盛，芜于晚清。

供奉春秋时期吴国大夫伍子胥。

清吴农祥有《伍公庙诗》："相国丰碑沙岸回，荒祠台殿海门开。风清鬼马乘潮立，夜静神人吼雪来。千古不消亡国恨，他时犹发故君哀。盐官百里春秋祀，同酹椒浆列酒杯。"

西捍沙庙

又称"英济侯庙"。位于当时的县城盐官往东三十里，今丁桥镇新仓村以东的海潮村（旧称镇海村），初建于北宋，今已不存。21世纪初，在故址以东新建西捍沙庙。

供奉张六相公，即张夏。

两侧配殿。配殿东为雷公殿。前殿供王爷神（张六相公），大殿

西捍沙庙（孙力摄）

供土地神，后殿为三清殿。所供奉的神与祈潮的相关性比较典型。

在民间，张六相公作为潮神，影响很大，供奉并祭祀张六相公的庙宇有三处，新仓有西捍沙庙，旧仓有东捍沙庙，斜桥镇东南林家亭子有林云禅寺。

朱将军庙

旧志载"在县东三十六里"，今丁桥镇利群村皇岗集镇以西。建于元大德二年（1298）。明万历年间（1573—1620）由里人孙必达重建，今已不存。

供奉邑人朱彝。明朱一是有《朱令公庙记》（文载《金石》）。清乾隆年间（1736—1795）举人朱瑞有《登天仙府》诗："龙山山北寺，传是古仙宫。藓瓦连青嶂，雕梁映碧空。醉歌尧壤日，手拂舜琴风。

近市飞重翠,烟云处处同。"

杨太尉庙

旧志载"在州东五十里",应在今黄湾一带。建于宋代,荒废年代不详。

供奉宋代太尉杨业。

晏公庙

旧志载"在县东北二十四都",今硖石街道双合村一带。建于元代,荒废年代不详。

供奉元代战将晏戌仔。

胡令公庙

位于长安镇运塘河东、虹桥南堍。南宋建炎年间(1127—1130)建造,淳熙十四年丁未(1187)八月十六日庙毁,里人感神灵诉官重建。清乾隆二十一年(1756),里人陆彬等清理庙地重修。清咸丰四年(1854),米业鸠资增广殿宇,曾被太平军占据。清同治六年(1867),里人重修如旧制。元代徐圆有《胡令公庙碑记》。今已不存。

供奉唐代胡暹,相传庙后有胡令公墓。

清代陆嘉淑有《泊胡令公庙》诗:"长河坝侧水潺湲,黯淡灵旗闪夕烟。泥马汗销人事改,神弦犹唱建炎年。"

石王庙

旧志载"在县西北二十里地",今海宁市长安镇与桐乡市石门镇交界处一带。建于唐咸通年间（860—873），荒废年代不详。

供奉潮王石瑰。

曹将军祠

旧志载"在县西南四十五里岩门山""县西南傍海"，今萧山南阳一带。初建年代不详，明崇祯年间（1628—1645）重修，芜年不详。

供奉北宋平浪侯卷帘使曹春。

潮神庙

旧志载"在县西庙湾门，滨海"，今许巷镇以西300米的黄杨庙。初建年代不详，清同治年间（1862—1874）重建，最终芜年不详。

供奉运德海潮王曹靖江、海潮王张燹。

鄞墅庙

旧志载"在县东北十二里"，今丰士镇。南宋嘉定年间（1208—1224）建鄞墅祠，明代改建为庙，毁于抗战时期。

供奉北宋广陵侯陆圭。

南鄞墅庙

位于盐官镇以东的诸嘉桥，今丁桥镇诸嘉桥集镇。初在鄞墅庙辖下，因信众祭拜行路不便，清道光二十六年（1846），以关帝庙旧址改建。加"南"字命名之，以别位于其北的鄞墅庙。荒废年代不详。

周王庙

位于辛江塘拱辰桥北塊，东与慧泉寺比邻。建于唐代，清咸丰辛酉年（1861）毁于战乱，同治年间（1862—1874）重建殿宇，庙为增廊，将慧泉寺并入，而寺遂废。荒废年代不详。光绪二十八年（1902），邑人陈焘撰文立碑。

供奉平水显应公周凯。

旌忠寺

旧志载"在县西北二十五里"，今长安镇一带，俗称大王庙。南宋嘉泰二年（1202）建，原址不详。自初建到元至顺年间（1330—1333）曾遭数次火灾，迁今址，后来又有净妙寺并入。明万历年间（1573—1619），在长安镇北僧家巷旧址复建，清乾隆十三年（1748）又毁。清乾隆十六年（1751），海宁知县刘守成创捐重修。清光绪三十三年（1907），因寺址当"全浙路线所经"，移建于定香寺北，荒废年代不详。

供奉北宋州兵马都监陆圭、工部郎中张夏，清代静安公郑清，平浪侯晏戌仔，护国佑民永固土地彭文骥、乌守忠等，附祀河神谢绪。

［叁］潮神祭祀的类型

如前所述，海宁的潮神祭祀存在着官方祭祀和民间祭祀两种形式，这两种祭祀的目标与内容具有许多共同点，但是在仪典的规格、格局和礼节方面有很大的差别，可以这么来总结官民两种祭祀的差异：官方祭祀重在"礼"，讲究规格，礼节隆重，等级森严，清代官方的潮神祭祀最为完善和成熟，规格也最高，这与清代潮灾的频发、最高统治者的关注密切相关；民间祭祀重在"诚"，对神灵的虔诚和祈愿中包含着拳拳之心。

官方的潮神祭祀，在清代以前，大部分都是塘祭，祭祀空间直接设置在海塘上，这种设置最大的原因是，在清代雍正帝以前，尽管潮灾频发，潮神祭祀成为当时社会的热点，但是并没有一个全社会公认的潮神偶像，也没有一座官民共认的权威潮神寺庙，没有全社会共同膜拜的意识聚焦点。如前所述，海宁各地所膜拜供奉的潮神多达两位数，因此，潮神祭祀空间设在任何一座庙宇都没有足够的公信力。而塘祭则不一样，不管祭祀人心目中的潮神是哪一位，祭祀目的就是减轻和消弭潮灾，在海塘上，对着潮灾的载体——潮水滚滚的杭州湾，直接表达诚意和愿望，所谓"人在祭，神在看"，塘祭可以说是一种平抑关于祭祀对象的任何异议和歧见的有效处置。由此也可以看到，清代雍正帝敕封"浙海之神"、敕造海神庙的必要性。官民两方的潮神膜拜偶像被归结为"浙海之神"，而这位"总潮神"就在海神庙，从此，庙祭就顺理成章了。

一、官祭

（一）塘祭

自宋代开始，地方官府每年都要进行潮神祭祀活动，尤其是遇到重大潮灾引起朝廷关注之时，中央会委派大臣来到海宁，代表最高统治者祭潮。如南宋淳熙年间（1174—1189），海宁在四年中接连遭受了两次大潮灾，于是朝廷委派吏部尚书程泌前来海宁县城盐官祭潮。明代万历以后，盐官在海塘上修占鳌塔，塔的东侧专门建造了祭潮坛，塘祭就在祭坛进行，所用三牲均不宰杀，在江水中洗净后活物献祭，祭毕投入江中。燃烛焚香，三拜九叩，行礼于苍穹之下，浪隙涛间，面对浩瀚水面，诵读祭文。

塘祭（张庆中摄）

（二）庙祭

这里记述的庙祭主要为清代海神庙建造以后的祭典。

祭祀场所

盐官海神庙。主祭在庙中正殿举行。此外，在东西两侧的天后宫、水仙阁、风神殿也举行规模较小的祭祀仪式。

祭祀规格

御祭：以皇帝的名义，由皇帝特派大臣主持祭典。如清乾隆十六年（1751），皇帝巡视浙江海塘，遣都察院左副都御史胡宝瑔致祭；乾隆二十七年（1762）三月初二，皇帝巡视海宁塘堤，遣散秩大

海神庙潮神祭祀仪式（张庆中摄）

臣永福致祭。

地方官府祭祀：日常祭祀由地方官府主持。每月朔望之日，海防道率官员行祭礼；春秋仲月中戊日，由知县亲临，率地方官吏致祭；每年农历八月十八为祭祀大典。

祭祀服饰

每月朔望日的祭祀，官吏须穿戴公服行礼。公服是官吏在日常公事中应穿戴的便礼服，有紫、朱、绿、青四等服色，它比朝服省略了一些诸如蔽膝、佩剑、绶带之类烦琐的挂佩，因而又称"从省服"。

春秋仲月中戊日的祭祀，承祭官及参祭的各级官员须穿戴朝服。朝服是古代官员在上朝、国家大典等正式场合穿戴的礼服，必须完全按照礼部的规定，一丝不苟。

祭祀礼器

酒爵：盛放祭酒的器皿，前有倾酒的流槽，后有尖锐状尾，主体部分为盛纳酒浆的杯，一侧有鋬，下有三足，流与杯口之间有两个小柱。

笾：用以盛放果品的竹编器具，高脚，盛纳物品的部分为半圆形，敞口，覆以半圆形的盖子。

登：又称"镫"或"䵺"，古代以青铜铸制，后以陶瓷烧制，状如微型的石臼，上覆半圆形盖子，用以盛放肉食一类的祭品。

豆：圆形，有敞口无盖和有盖两种，较浅，状如高脚的汤盆，用

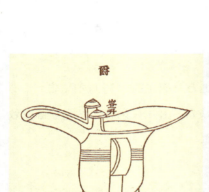

爵（虞坤林提供）

簋（虞坤林提供）

豆（虞坤林提供）

以盛放羹汁之类的祭品。

　　簠：基部是敞口的倒置梯形，用以盛放稻粱一类祭品，盖部也是梯形，左右两侧各有一个把手，合起来就是一个六边形的加盖盛器。

　　簋：盛放黍稷的圆形器皿，纳物部分较宽深，左右两侧有把手，上覆圆盖，盖上往往有装饰物点缀。

簋（虞坤林提供）

香炉：用以焚香。

蜡扦：用以固定蜡烛。

燎炉：又称焚帛炉，用以焚烧祭文、彩纸、金银锭箔等。

祭期与规模

每月朔日与望日祭祀：牺牲为羊一、豕一，笾、豆各十，由海防道率领属下，俱公服三献行礼。

春秋仲月中戊日祭祀：用羊一、豕一、登二、笾十、豆十、簠二、簋二，由承祭官及地方各官员俱朝服三献行礼。

八月十八海神圣诞祭祀：这是官祭中最为隆重的潮神祭祀，从八月十六起礼忏，在海神庙前的戏台上演戏庆贺，四乡百姓集聚观礼。到了十八诞日，在正殿行祭典大礼，委派官员宣读祭文，致祭三次，祭品礼节与戊日同。海神庙的东西配殿和左右两庑上祭品各十道，此外，天后宫、水仙阁、风神殿俱用素供。每次大祭要焚烧纸一万张、金银箔一万锭。

正殿祭品：白帛一条，祝版一副，均以匣盛；牛、羊、猪等牺牲用金龙黄绫夹罩；龙果五顶、笾十、豆十、登二、簠二、簋二、酒三爵；大黄烛一对，从黄烛三对，长七寸、径五分的圆柱降香一炷，细降香片一两五钱，香的长度、粗细和分量都须按太常寺规定。

东西配殿祭品：东西配殿供奉的是从祀"浙海之神"的潮神，祭品为大黄烛一对、香一股、龙果十顶、笾十、豆十。

东西两庑祭品：黄烛五对、香五股、笾十、龙果五顶。

天后宫、水仙阁祭品：黄烛一对、香一股、笾十、龙果五顶。

祭祀司仪执事及职责

承祭官：主持祭典的官员。御祭由皇帝钦点，地方官府祭祀则由官府的主要官员担任。

读祝官：在祝案前宣读祭文。

陪祀官：陪同承祭官致祭。一般为专司海防事宜的官员以及地方臣僚。

赞引官：职司祭典仪式中前后衔接、来宾站位指引等各项细节，由礼生充当。

典仪官：相当于现代的礼仪主持人，宣诵典仪中各项礼节的开始与结束。

奉帛官：执祭典中的重要文件——祝帛，在读祝官读完祭文以后，将帛文送至燎炉焚化。

司香官：祭典中专司进香。

执爵官：祭典中执酒爵并祭酒。

祭祀布局

祭典主场设在海神庙正殿，大殿正中是"浙海之神"的汉白玉神位，神位前设祝案，承祭官、陪祀官、司仪执事等分立于两侧，大殿门外的祭坛上有巨型燎炉。

祭祀仪程

祭典一共有十大环节，分别是盥洗—宣布祭典开始—上香迎神—行礼—初献礼—读祝—行亚献礼—送神—燎位—礼毕。具体流程如下。

主祭与陪祭官员及祭典各相关执事到场后，由赞引官带着承祭官到盥洗所净身洗手，然后领至大殿。

典仪官发出预备信号，诵唱"执事官各司其事"，然后由赞引官宣布"就位"，承祭官与陪祀官应声侍立于大殿东侧上位。

典仪官唱"迎神——"，祭典仪式正式开始，由司香官捧香盒跪在香炉左侧，赞引官引承祭官到香炉前正中伫立，恭候神灵降临。

赞引官唱"上香"，承祭官先上柱香，然后分三次上瓣香。上香毕，赞引官唱"复位"，承祭官退回原位伫立。

赞引官唱"跪——叩——兴"，承祭官率陪祀官在"浙海之神"的神位前行三跪九叩大礼。

典仪官唱"奠帛，行初献礼——"，由奉帛官双手捧祝版献于神位前的香案，三叩首而后退下。执爵官执酒爵献于香案正中后退下。读祝官行至案前，一跪三叩首后，捧起祝版，伫立一旁。赞引官唱"跪——"，承祭官、陪祀官和读祝官都下跪于案前。

赞引官唱"读祝——"，读祝官展祝文读祝。诵读完毕，将祝文安放在香案上的帛匣内，三叩首然后退下。赞引官唱"叩——兴"，承祭官向神位行三叩首礼，然后退下。

典仪官唱"行亚献礼——"，执爵官执爵献于祝案左侧，然后退下。典仪官唱"行终献礼——"，执爵官执爵献于祝案右侧，然后退下。

典仪官唱"送神——"，赞引官唱"跪——叩——兴"，承祭官和陪祀官在祝案前行三跪九叩大礼，然后退下。

典仪官唱"捧祝帛诣燎位——"，奉帛官行至案前，行一跪三叩首礼，捧起祝帛，送至燎炉。承祭官退向西侧，俟奉帛官送帛过后，再回原位伫立。赞引官唱"诣望燎位——"，承祭官站到祭坛西南角的望燎位注目瞻仰，称为"望燎"。在燎炉内除焚烧祝帛以外，焚纸万张、金银箔万锭。

待祝帛焚烧一半,赞引官唱"礼毕——",祭典结束。

二、民间祭祀

在仪式程序方面,海宁民间的潮神祭祀与其他祭祀——如祭土地神、灶神、财神以及祭祖先——并没有很大的差别,在表现形式上则比官方祭祀丰富,包括家祭、塘祭、迎会、宿山拜香、烧海香等多种,其中有些习俗已不再沿袭,如清末学者徐珂所记述"(农历八月)十七、十八两日,海宁乡人之观潮者,辄于潮来时,高举其吸旱烟之筒,临江三揖,即投筒入塘,谓不如是,则岁必歉"等。民间潮神祭祀集中在潮神生日、当地潮神菩萨寺庙的迎神赛会活动等与潮神有关的节庆,或者在一次为害较大的潮灾之后。

(一)家祭

民间的家祭往往与过年、清明、中秋等节庆期间的祭祀活动结合在一起。海宁民俗,过节时要在家中举行祭祀活动,如祭土地神、祭祖等,在这种祭祀中,用一种叫作"马幛"的祭祀用品来象征各路神灵,在红纸上用线条描绘出神灵画像,然后折成宽约3厘米的长条,镶嵌在一个叫作"马幛架子"的红漆木方框内,一副马幛架子里往往镶嵌着土地、财神等各种神灵画像,包括潮神在内。正如前文所言,海宁民间的潮神祭祀是泛化了的一种神灵膜拜,因而,寻常百姓人家祭潮神并不单独举行,而是"综合"起来的一种俗神崇拜活

家祭（王晓莉摄）

动。上图中，位于马幛架子中间位置的那一幅马幛就是潮神，在神灵画像的上方，可见"潮圣"的字样。家祭时，祭品马幛架子置放在供桌的正中，家主燃烛拈香，行跪拜礼，同时向各路神灵祷告，祈祷神灵佑护一年之中的风调雨顺、家人平安、财运亨通等，其中也包括免于受潮灾之苦。

（二）行业祭祀

这里的行业是指与杭州湾潮汐发生直接关联的行当，比如海塘修筑业，杭州湾两岸的运输业、仓储业、装卸行业，等等。

塘工祭祀

在潮水日夜冲击、潮灾频繁的情况下，修补和重筑塘堤成为很重要且经常性的工程，从事塘堤修筑的人称为塘工。每逢修筑塘堤的工程开工，都要举行祭祀仪式。塘工祭祀往往是塘祭，就在即将修筑的海塘边，清扫场地，铺设吉毯，供奉三牲，燃烛焚香，塘工班头带领塘工行跪拜之礼。酒过三巡后，把盏酒洒于塘基，供品抛入江水之中。

船工祭祀

历史上，杭州湾北岸与南岸宁绍地区的货运主要是船舶运输，与潮汐息息相关，每逢船只开航，都要祭祀潮神。这种祭祀分两类。一类是塘祭，程序仪式与塘工祭祀大致相似；另一类是船祭，祭祀仪式放在船上，一般是在船头腾出空间，洒扫洁净，献三牲，燃香烛，

修海塘打桩（张庆中摄）

船民祭祀潮神场景（孙力摄）

船老大率全体船工跪拜祷告,把酒酹海。

过塘行祭祀

船舶横渡杭州湾,俗称"过塘"。盐官作为北岸的装卸码头,催生出一批货物搬运、仓储的货栈,即"过塘行"。直至民国时期,盐官的过塘行搬运脚工还有三千多人。杭州湾风平浪静,货船往返不迭,过塘行生意兴隆;海上风急浪高,潮灾频发,船只落锚避风头,过塘行就失去了衣食父母,无以为生计。因而,对于过塘行来说,潮运就是财运,对潮神祭祀也就格外重视。

过塘行的潮神祭祀一般都在农历八月十八潮神生日,祭祀地点在海神庙的祭坛。用猪头、三牲、大蜡烛、大元宝为供品,过塘行主联络船帮,共同祭拜。搬运脚班的领班和船帮的船老大们齐聚祭坛前,跪拜祈愿。

过塘行的潮神祭祀还包括了演戏,出资请戏班来盐官,在海神庙戏台上表演。

(三)迎会

迎会,全称应该是"迎神的庙会"。所谓迎神,实际上是对平时供奉在寺庙中的菩萨神像的出迎,是一种大规模的流动聚会。海宁的迎会是民间潮神祭祀最盛大的仪典,它既具有传统民间庙会的特点,也具有祈安祭神的地方特色。

鉴于海宁的寺庙所供奉的神灵有许多是民间认定的潮神,因

迎会（孙力摄）

此，迎会也就成为一种流动的民间潮神祭祀的形式，不仅在黄湾、新
仓等沿江一带非常流行，即使是在离海塘距离较远的斜桥镇一带，也
有每年农历二月十三林云禅寺的林家亭子迎会。在黄湾，历史上较
有影响的庙会有每年农历四月十六和七月二十七的黄山岭周都司庙
迎会以及每年农历六月十九的小尖山观音庙迎会。在新仓一带，农
历二月初八朱将军庙的皇岗轧太平庙会是与潮神祭祀相联系的庙
会。斜桥林云禅寺的林家亭子庙会同样是潮神崇拜的一种活动。

　　迎会时，民间组织声势浩大的迎会队伍，以"护驾"的名义来向
神灵表达拥戴和虔诚之意，这种表达掺杂了浓郁的当地民风民俗，
部分表演的内容不一定与潮神祭祀相关，甚至与神灵无关，世俗的

意味大于崇神。

迎会是民间的隆重祭典,无论是程序的繁复程度还是规模都远远超过了家祭、庙祭和行业祭祀。一次迎会必须要经过以下仪程。

议会

迎会的组织和策划称为"议会",又称"看印",由当地乡绅、寺庙僧人、迎会时护驾的庙祝、各村坊的领头人以及负责迎会秩序和安全的领头人等协商筹备事宜。议事的内容包括:占卦择日、商定出迎路线、迎会队伍规模、设供点的选择和分布、汇总各村坊的故事。迎会过程中的故事就是参加迎会的各村坊准备的在出迎队伍中表演的节目。

开会路

实际上是庙会举办的通知,派人到庙界内各村坊张贴谕文,通告迎会事宜,以下为照录的林家亭子迎会谕文。

林家亭子迎会谕文

今奉旨,本绥佑大帝运德海潮王张六相公,于农历×月×日行香出巡。沿途桥梁道路,尽须加固修筑,清除杂草污物,修整树木。出巡之日,严禁高挂裤衩,污垢之物加盖,禁止喧哗,肃静回避,室内清洁,庭院门前焚香点烛,有关故事、护驾等事,早做准备,届时早到辕门候令。此谕。

设供

在迎会队伍经过的主要村口和集镇设立休息处，称为"摆供"。迎会过程所需时间很长，整个队伍都需要在中途小憩并进餐，由摆供的点负责接待。设了供点的村坊就不再负担迎会队伍中的故事表演任务。供点一般是八到十张八仙桌排成纵列，上置三牲供品以及糕点、干果等食品，也有放置古玩、字画等，并配置丝竹乐队，俟迎会队伍一到，奏乐相迎。四周乡民都要净身更衣，手中拈香，列队迎候神驾。神驾一到，全体匍匐跪拜并祈愿。

讨令

迎会的前一天，在寺庙前举行预演，拿现在的话来说就是"彩排"。各村各坊的迎会队伍领头人叫"领会"，由领会持请柬一份，上书："欣逢某某大帝出巡，我坊众姓人等敬奉护驾某某故事一堂，特到辕门讨令。"请柬置于藤篮内，呈于驾前的神职人员，接着把本坊准备好的故事演给神职人员看，故事合格，即颁下令箭，宣布"奉某某大帝降旨，你坊众姓人等鼎力虔诚，大帝龙心大悦，发下令箭一支，明日天开黄道，命尔等早到辕门候驾同行"，算是获准通过。如演出的故事被认为不合格，则宣称"不准随驾"，颁下白头令箭一支，这堂故事就不能加入迎会队伍。

正会

迎会队伍正式出迎之日，加入队伍的一干人等都须"黑进黑出"，天尚未现曙光就要到寺庙前整队候行，直到天黑才告结束。

谢将

在正会的次日，参与迎会的各村坊领会携带三牲、米面等供品，到寺庙前燃烛焚香，祭拜神灵。这些供品在献祭以后大多数带回到村里，分发给各家各户，或供参加迎会故事表演者聚餐。

从规模上看，迎会的直接参与者达数千人，行程百余里，观众数万。据记载，斜桥林云禅寺的"绥佑大帝张六相公出巡"迎会，参加故事表演的民众有五千人，持续时间达到三天，迎会队伍行进路程一百多里。

三、潮神祭祀的文化内涵与价值

海宁的潮神祭祀综合了社会各阶层的意志和愿望，体现出非常丰富的侧面，它既是受到最高统治者关注的州县祭祀，也是一州一县老百姓的普遍愿望。它不属于严格意义上的宗教信仰，而是一种俗神崇拜。

三、潮神祭祀的文化内涵与价值

[壹]潮神祭祀与信俗

　　海宁的潮神祭祀综合了社会各阶层的意志和愿望,体现出非常丰富的侧面,它既是受到最高统治者关注的州县祭祀,也是一州一县老百姓的普遍愿望。祭祀在官方是"礼",既有功利性的一面(消灾祛难),又是奉行礼治的一种努力,它是作为国家行为而存在的;在民间,祭祀则是"俗",是源远流长的习俗,是民间自发的。民间对潮神的认定和祈愿的内容有着比较鲜明的行业特征,在民间的潮神祭祀中,有过塘行祭祀、船工祭祀、塘工祭祀等。清代的海宁潮神祭祀,官方行标志性的祭祀大礼,民间依据各自的理解和愿望遍地开花。

　　如上所述,海宁的潮神祭祀不属于严格意义上的宗教信仰,而是一种俗神崇拜,而且潮神在中国传统的俗神谱系中并无明确的定位,这种俗神崇拜有其自身的特征。

一、祭祀对象的多神化

　　不像有的地方只供奉同一个偶像,比如闽台一带只供奉妈祖,现存的盐官海神庙中的潮神有二十位左右,这些潮神根据来历可以大致分为以下几类。

（一）历史人物

如春秋战国的伍子胥、文种，五代十国的钱镠，西汉的霍光，北宋的张夏，明代的汤绍恩等，这些人物在历史上留下的主要影响并不一定是治理潮灾，但是他们的精神、才能和业绩在海宁民间传说中被人们引申扩展，逐渐成为百姓心目中能够抗衡潮灾的神。

（二）传说人物

天妃（妈祖）是全国许多地方都流传的一个传奇人物，她的事迹与"海"有关，能拯救海难，因而从元代开始，在海宁就有供奉天妃的寺庙。周凯、石瑰、黄恕和陈旭在传说中都是抵御潮灾的义士，他们有的以武功抵御潮灾，有的用自己的身体堵住海塘决堤的缺口，慷慨献身，保一方百姓平安。

（三）海宁本土人物

如从元代开始供奉在盐官彭乌庙的彭文骥和乌守忠，传说他们都是海宁盐官人，倾尽家产修筑海塘，死于海中。又如朱彝，也是海宁人。对于海宁百姓来说，本土的潮神更有亲切感，也更能唤起膜拜的虔诚。

（四）无来历敕封

这就是供奉于盐官海神庙的"护国宁民显佑浙海之神"，由于是皇帝"御制"，在封建社会中等于"天"的意志体现，所以不需要任何的来历。

二、民祭中对神职理解的泛化

俗神崇拜中的神灵，比如财神、送子观音、龙王等，一般有着比较清晰的神职，于是膜拜也相应地有专一的目标，想发财拜财神，想得子求观音，等等。但是，由于以下原因，海宁的潮神崇拜出现了神职泛化现象。在历史上，海宁是一个多灾的地区，除了深受潮灾之苦，海宁人同时也经受着其他自然灾害的荼毒，如旱灾、涝灾、虫灾、台风灾害等。据历史记载，自南宋绍兴年间（1131—1162）到清宣统年间（1909—1911）的七八百年中，海宁的大水灾有186起，大旱灾有106起，平均每4年左右就有水患，每7年左右就会遇到大的旱灾。也就是说，一个海宁人在一生中有可能遇到十来起大水灾，六七起大旱灾。海宁民间对俗神体系的神谱观念比较淡薄，历代所建造的那么多庙宇中，除了救造的海神庙有风神殿以外，民间没有供奉风神、雨神等神灵的庙宇，民众没有在俗神体系中找到相应的雨神、太阳神等神灵来祈愿供奉，于是就把抵御旱涝风雨灾害的能量全部附加在潮神身上，形成了海宁民间潮神祭祀供奉对象的泛化。在海宁有一个比较有趣的现象，那就是在许多地方都有名为"总管堂"的寺庙，庙中供奉的神灵就叫"总管菩萨"。信众希望神灵的能量无边，做百姓的只要做到心诚，那么他的全部心愿都应该得到神灵的眷顾和满足，所以，菩萨最好是"总管"，即什么都管，这种现象刚好说明了民间膜拜意识中神职的泛化。

新仓、旧仓等地奉张六相公为潮神而进行祭祀，张六相公就不仅仅是潮神，对他的祈愿同时包含着消弭包括潮灾、涝灾、旱灾、风灾、瘟疫等在内的一切天灾人祸。因此，不仅在盐仓、盐官、丁桥、新仓、黄湾等沿杭州湾的潮灾直接受灾地区有潮神庙，就是在许村、斜桥甚至双山等距离海湾线较远、潮灾危害性相对较轻的地区，也有潮神祭祀的习俗。总之，"天下神灵是一家"，对神灵虔诚供奉，就寄托了平安祈福的所有愿望。

因此，在海宁民间的祭祀仪式中，有时很难把祭潮神和祭其他神灵区分开来，以乡间除夕的家庭祭祀为例，供桌上置放一个马幛

祭祀用的马幛（左四为潮神，方林峰提供）

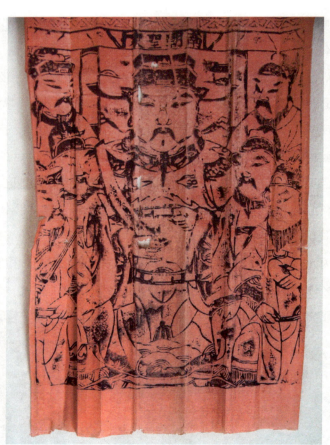

马幛中的潮神像（方林峰 提供）

架子，架子上并列置放了象征土地神、蚕花五圣、财神以及潮神等神像的长条形状的马幛，信众是在同时祭祀一切与他们日常生活及命运相关的神灵。这一点，在迎会这种流动祭典上表现得格外突出。

三、潮神崇拜中的英雄情结

一般的俗神崇拜对象都是职司某种资源的管辖者,比如财神是财运的拥有和主宰者,供奉财神的目的就是争取财神的青睐或者额外眷顾。而海宁民间所膜拜的潮神并不是主宰潮汐、司辖潮势的神灵,而是抑制潮势、平抑灾害负能量的中流砥柱,与潮灾对垒的治潮英雄与一般俗神的功能方向是相反的。海宁的多位潮神,尤其是传说人物以及海宁本土的潮神,大都是具有大无畏牺牲精神的御潮英雄,传说中加入了民间的想象和发挥,夸张地渲染他们抵御、治理各种灾祸所表现出来的意志和能量,加上传说特有的神秘性,逐渐形成了百姓心目中的治潮英雄、让百姓顶礼膜拜的潮神。

海宁民间崇拜的潮神的英勇和神武,着重体现在他们对凶猛的潮灾袭击的对抗和奋不顾身的自我牺牲精神。作为深受潮灾之苦的海宁人,在势不可当的决堤洪水面前,被笼罩在束手无策的无力感下,潮神传说中的这些言行恰好是老百姓向往的精神境界和行为楷模,对于那些完成了一般人想做而没能力做的壮举的英雄崇拜,恰好是海宁人御强抗暴理想的体现,这种理想深深地植根于潮神祭祀之中。

从以上的分析和归纳中可以看出,海宁的潮神祭祀习俗是对大自然能量神化的产物。从人类的角度去界定,自然能量有正负之分,一旦某种自然能量对人类的损害达到极限,而人类又无法有效

海神庙（孙力摄）

地消弭它时，此种不可抗力就会在科学技术不发达的环境中被神化。这不但是潮灾的应对方式，也是所有自然灾害的应对方式之一，这种神化如果能够成为社会生活中官民共识的必需的组成部分（习俗），就从另一个侧面证明了灾害的破坏性和惨烈的程度。因而，在唐宋之前，海宁的潮灾危害并不突出之时，潮神膜拜也处于一种隐伏的状态，它在这时还是"偶然"的；等到潮灾频发、民不聊生之际，潮神祭祀才开始盛行。再者，一种俗神崇拜的兴旺不但与自然灾害的破坏性相关，也与统治阶层的重视程度相关。习俗的风行是民间的运作，习俗的"根"在民间，一旦受到官方的认可且大加倡导，这种习俗就不仅仅合情，而且合法。所以，等到统治阶层如梦初醒，充分体会到潮灾的切肤之痛，把潮灾危害视作心腹之患，开始正视潮灾之时，海宁潮神祭祀便成了风行的习俗。

潮神祭祀作为在当时历史条件下应对自然灾害的方式之一，在广义的角度上，可以解读成治潮御灾的一种主观努力。

［贰］潮神祭祀与民间艺术

迎会作为海宁民间潮神祭祀的重要仪式，除了在祭祀礼仪上具有不同于庙祭、家祭的特点以外，还融合了较明显的民间艺术元素，其中部分内容作为地方特色民间艺术项目流传至今，如参加迎会的各村坊准备的在出迎队伍中表演的故事。这些故事大致上可以分为十类。

仪仗

这是迎会队伍的开路前导，一次迎会需要两支仪仗队，一支是开道的前仪仗队，另一支是压阵的后仪仗队，每支队伍均有百人规模，俗称"神班"。

前仪仗队成两列纵队，打道旗，鸣道锣，擎"肃静""回避"牌，举万民伞以及样马、样轿等象征性的道具，走在迎会队伍的最前列。后仪仗队为整个迎会队伍压阵，簇护着迎会队伍的核心部分——神驾，即菩萨神像，有轿六房、马六房、神轿、神马、驾前报子、驾前銮驾等。

旗队

庙会中的旗称为"大纛旗"，高达四五丈，由十二匹绸帛制成。

猛将庙会中的仪仗（孙力摄）

这么高大的旗帜，要把旗杆固定在由四人扛抬的架子上，旗帜的前后还需要六到八人用绳子从各个方向牵拽旗杆顶端，以保持旗幅直立不歪斜。纛旗的前后各有数十面小旗簇拥。以一面纛旗为标志，成一个旗队，称为"一堂"。每次迎会一般有十个到十二个旗队，每个旗队的旗都不相同，大体有令旗、方旗、三角旗、八角旗、乌龙旗等，前后都有吹打乐器奏乐相伴而行。

台阁

台阁是亭台楼阁建筑的仿制品，在出迎时都是人工扛抬的，因而又称"抬头"，有彩台、转台以及各种亭榭。彩台又称"活彩台"，有真人在其中作各种角色的扮相或造型，甚至有演出传统折子戏片段的。常见的亭榭有香亭、敲鼓亭、百花亭等。台阁由彩旗、彩灯和丝弦乐队簇拥。

扎肉提香表演

这是整个迎会队伍中比较惊心动魄的部分，也是传统庙会中较多出现的故事之一。表演者赤裸上身，在其胸部、背部、肩部以及眉心、下巴等身体部位扎入锋利的铁钩，并在铁钩上系细绳拉紧。最骇人的是，表演者将手臂伸直，与躯体成 90 度，将铁钩扎入手臂，铁钩下方坠挂一对香炉，在队伍中行走。这种表演者大都因家人患有重病顽疾，特意到庙会上来还愿"赎罪"，以忍受痛苦来表示对神灵的虔诚。

武术表演

由会武术者演出，以十八般武艺分类，如钢叉、大刀、长矛、棍棒、火流星等，每一类兵器为一个单元，各为一个小队，舞枪弄棒，演绎武功套路。

"五方"故事

"五方"是故事表演队伍的序称，有东、西、南、北、中五队，每队服饰的颜色相同，分别是青、黄、红、黑、白。这是迎会队伍中表演者最多、规模最大、表演内容最丰富的部分。表演者扮成各种角色，这些角色有的来自民间传说，如夜游神、僵尸、小寡妇、白和尚、黑和尚、鬼保长等；有的来自神鬼故事，如牛头夜叉、判官、小头鬼等；有的来自传统评话和章回小说，如时迁、白胜、渔樵耕读等；有的来自坊间笑话俚俗，如乌烟（鸦片）鬼，喝夜壶尿、抢冷羹饭、怕老婆的人等。他们手持本角色的标志性道具，在队伍的行进中手舞足蹈、挤眉弄眼，动作表情夸张，逗弄两旁的观众，活跃气氛。

舞龙灯

迎会队伍中一般有好几座龙灯，多的时候有十几座。龙灯用竹篾扎制龙头和龙尾，首尾之间的躯体则以绸缎或布匹做成。龙头由一人擎举，躯体部分每隔两三米就有一人擎杆支撑，这个间隔称为"节"。每座龙灯一般长九节，也有更长的，达到十二节。在行进中，舞龙者操纵龙躯滚翻，表演双龙戏珠等动作情节。

周仓舞关刀

这是迎会队伍中独立成为一堂的故事。民间崇拜关公，各地几乎都有关帝庙。在民间传说中，周仓是关羽麾下忠心耿耿的马前将军，以大关刀为兵器。

在迎会队伍中，"周仓"身披17.5千克重的盔甲，八旗开道，左右马弁簇拥，有"散伙"角色一人，吹奏海螺，黑底白边的帅旗猎猎，上书"忠勇王"三个金色大字，另有数名武士打扮的角色替"周仓"抬着大刀。

周仓舞关刀这一堂故事的看点就是周仓使的那一把大刀，那是用生铁铸成的真刀，重量在70千克左右，周仓的扮演者必须臂力过

舞大刀（孙力摄）

人才能舞得动，并以此博取眼球。

荡湖船

这是借着民间传说而衍生出来的表演，以乘客与船女之间的调笑为发展线索，穿插各种笑料，边歌边舞。

神驾

这是迎会队伍中的尾巴，主角是庙宇中的神像，踞于八抬大轿之中，前有仪仗，驾前鸣金银锣镇场，左右列刀斧手、刽子手、捆绑手等役卒，队列中有数人擎举的驾旗，高二丈许，上书神驾的封号、职衔和名讳。

四、潮神祭祀的传承与保护

海宁市人民政府为传承与保护潮神祭祀做了多方面的努力，包括对古代和近代海宁地方志、历史典籍、官方文书以及碑文等文献所载潮神祭祀的仪典、规程等信息的梳理、校正和研究以及收集民间关于潮神、治潮抗灾等的传说，保护相关传人，修复潮神寺庙，设立观潮节等。

四、潮神祭祀的传承与保护

[壹]传承

该项目的传承主要表现在三个方面。

第一,对古代和近代海宁地方志、历史典籍、官方文书以及碑文等文献所载潮神祭祀的仪典、规程等信息的梳理、校正和研究以及收集民间潮神、治潮抗灾等的传说。这方面的工作着重在发掘整理潮神祭祀中与官祭、庙祭相关的历史和礼节、典仪等方面的资料以及民间潮神祭祀的背景。

自 20 世纪 80 年代末开始,收集了一批与潮相关的民间故事,命名为《海宁潮传说》,编入"海宁故事歌谣谚语"丛书。出版了《海宁潮文化》,这部资料性专著收录历代与潮相关的文献一百多篇。1999 年,《海宁灾异志》问世,对海宁历代自然灾害做了详尽的梳理,其中潮患列为全书首章。2009 年,"海宁珍稀文献"丛书点校、整理工作立项,迄今为止,已经点校了明代董榖《海宁县志》,谈迁《海昌外志》,赵维寰《宁志备考》,清代周春《海昌胜览》,范骧《海宁县志略》等十余部古代地方志典籍,这些点校本已经由方志出版社陆续出版。2016 年,浙江古籍出版社出版了《海宁历代碑记》,收集了海宁自唐代至今的碑文 457 篇。这些工作为发掘海宁与潮神祭祀有关的文化遗产、保护和传承海宁潮神祭祀提供了资源和基础。

海宁市非物质文化遗产保护中心在各相关部门的支持和配合下，对古代潮神祭祀的仪典从细节开始进行梳理，至今已经能够比较完整地重演清代潮神祭祀的庙祭，并且在每年农历八月十八的观潮节上向公众演出，其中以 2014 年观潮节上演的潮神祭祀较为典型。关于这一次祭祀仪典，张远满的《2014 年海宁盐官观潮节调查报告》比较详尽地做了叙述，可窥祭祀盛典之貌。

第二，对民间潮神祭祀相关传人的保护，包括传承谱系的整理以及祭祀相关信息的收集、记录、保存。

目前，海宁潮神祭祀的传承人数量不多，主要是居住地在沿海塘一带（盐官、丁桥、黄湾等地）的老人，有修筑海塘的塘工、从事跨杭州湾船运的船工以及渔民，他们掌握各自所在行业潮神祭祀的相关信息。

如船工高尔兴，海宁盐官人，生于 1947 年，17 岁上船，祖孙三代都是航运船工，其家族 1949 年前后一直在盐官一带从事船运工作，本人熟练掌握钱塘江上行船祭祀的仪程，因为从小生活在江边，对于江边百姓因不同需要祭祀潮神也十分了解。

塘工戴金甫，海宁丁桥人，生于 1936 年，16 岁就跟随塘工们学习修筑海塘，熟知并亲身参与每次修筑海塘前的潮神祭祀仪式。

潮神祭祀座谈会（孙力摄）

　　渔民严志江，海宁黄湾人，生于1950年，祖祖辈辈都以打鱼为生，对于渔民出海捕鱼的禁忌以及请潮神保佑平安的祭祀活动都十分了解，每次出海捕鱼或者遇上险境回来都要祭祀潮神。

　　民间潮神祭祀传承谱系举要如下。

　　船工：第一代高德云（生卒年不详），第二代高宜洲（1926—1950），第三代高尔兴（1947—　　）。

　　塘工：第一代孙发唐（1916—1995），第二代戴金甫（1936—　　），

第三代王友峰（1955—   ）。

　　渔民：第一代严贤林（生卒年不详），第二代严成狄（1929—
2012），第三代严志江（1950—   ）。

　　第三，根据国家有关政策，对民间一些已经荒废的潮神寺庙的
修复。1982年，海宁县人民政府将盐官海神庙定为县级文物保护单
位。1989年，海神庙被浙江省人民政府认定为省级文物保护单位。
从1992年开始，海神庙建筑的修复工作逐渐开展，到1999年，先后

修葺了海神庙的正殿、正门、牌坊和门前的庆城桥，恢复了庙内的御碑亭、仪门、东西配殿，疏浚修整了庆城河河道，并重新整修了海神庙的下水道排水系统。2005年，复建斜桥镇斜桥村林海禅寺，此寺始建于宋代。2010年，在黄湾大尖山修建观音寺。2011年，在新仓复建西捍沙庙。

[贰] 保护

20世纪60年代以后，一方面，随着海塘加固修筑技术的不断进步，抵御潮灾的措施得力，潮灾对民生的影响逐渐减少，另一方面，潮神祭祀带有较多的神佛色彩，在"破除封建迷信"的社会氛围与舆论环境中，祭祀仪式日渐淡出人们的视线，官方祭祀完全取消，民间祭祀也日渐消亡。随着工商业和手工业的社会主义改造，行业祭祀在公私合营中销声匿迹。绝大部分寺庙改作他用，盐官的海神庙一度成为海塘工务所的办公场所，后来大殿又被粮油部门作为仓库使用，庙祭失去了容纳空间。没有庙宇，也就没有了祭祀意义上的庙会。只有家祭在传统观念比较强的极少数家庭中不公开地存在，成为潮神祭祀的"保留节目"。到了"文化大革命"时期，潮神祭祀彻底消失，海宁人对于潮的习惯性认识只剩下农历八月十八的观潮。

潮神祭祀的依托在"潮"，因而，讲到潮神祭祀项目的传承与保护，就必须要从海宁"潮文化"的复兴谈起。在海宁，与潮有关的文化活动首先从旅游观光业开始，政府有关部门把海宁潮作为一个潜力很大的旅游资源来开发。1992年，地方政府提出了"潮文化"的概念，把"潮文化"与灯彩文化、名人文化一起，列为"海宁三大文化"。从1994年开始，每逢农历八月十八，政府都会在海宁盐官举办钱江（海宁）观潮节。盐官海神庙建于清代，保存相对完善，加之有许多清代的民间传说与海神庙相关，海神庙在观潮节的旅游观光中就自然而然地成为热点之一。这些实际上都是在为传承与保护潮神祭祀这个非遗项目创造环境条件和舆论条件。随着保护非物质文化遗产概念的逐渐普及，"祭潮神"重新在人们的视野中出现。1994年的首届观潮节上，盐官的钟鼓楼广场演出了《潮神歌舞祭》的大型音乐舞蹈节目。2000年的第七届观潮节晚会上，在盐官海塘边，以重建的祭潮坛（白石坛）为舞台，上演了大型音乐舞蹈《潮神歌舞祭》，既是歌舞，也是一次大规模的塘祭演绎，央视直播了晚会实况。到了2004年，《大型百姓祭潮大典》在第十一届观潮节上亮相，潮神祭祀仪典正式登场，参加这次祭典表演的演职员达到三百多人，数万观众见识了潮神祭祀的宏大场面，领略了海宁古代潮神祭祀的全貌。

2008年，在全国性的非物质文化遗产普查工作中，从民间收集了大量潮神的传说故事和祭祀仪典的相关信息，进一步丰富了海宁潮神祭祀的历史渊源和细节性资料。同年，海宁市非物质文化遗产保护中心成立，将潮神祭祀作为一项重要的非遗项目建档完善。政府有关部门先后出台了《关于加强非物质文化遗产保护工作的意见》和《海宁市非物质文化遗产"十二五"保护发展规划》等，为潮神祭祀等非遗项目保护提供了政策、资金支持。2008 年、2012 年，先后两次组织人员对钱塘江沿岸潮神祭祀习俗进行了田野调查，摸清了潮神祭祀的传承保护情况，为规划制定、名录申报等工作奠定了扎实基础，收集到一批与潮神祭祀相关的实物。2011 年，拍摄《潮神祭祀》电视宣传纪录片，并对境外播出；编撰出版了《观潮节》《海宁潮传奇》《海宁风俗》等，对潮神祭祀习俗进行了细致的整理和较为完整的记录。

同时，从非遗项目保护的角度上，参照地方志与历史典籍的记载，严格按照古代的祭祀规程，利用每年观潮节开幕式这个平台，恢复海宁潮神祭祀习俗的原貌。从 2005 年至今，几乎每年观潮节开幕式上都有大型的潮神祭祀表演作为民俗节目上演。

2014 年，海宁市非物质文化遗产保护中心申报潮神祭祀为国家级非物质文化遗产代表性项目。2014 年 11 月，国务院下发了《国务院关于公布第四批国家级非物质文化遗产代表性项目名录的通知》，潮神祭祀被列为第四批国家级非物质文化遗产代表性项目。

附录

[壹] 历代祭文选

乾隆十六年遣左副都御史
胡宝瑢致祭海神文[1]

　　惟神障卫东南，奠安民物，灵昭于越。百川于是，朝宗利擅。江湖万汇，资其润下。挹波光之澄澹，潮汐无虞；宜庙貌之巍峨，馨香弗替。朕观风吴会，税驾钱江，览井邑之阜宁，庆风涛之恬息。捍灾御患，瞻灵爽以非遥；崇德报功，在经临而不废。神其歆格，鉴此明禋。

乾隆二十二年二月遣散秩大臣
昭毅伯永庆致祭海神文

　　惟神惠安南纪，奠定东瀛。德著朝宗，翕受用承乎。百谷功归，润下灌输，兼利乎三农。嘉清晏之蒙休，沧波久靖。念闾阎之托庇，报饗宜虔。朕

---

[1] 清代祭文均见于《海宁州志稿·宸翰》。

法古观风，载临浙水。睹此安澜之有庆，益征神贶之无涯。于豆于登，稽旧仪而勿替。以妥以侑，当时迈而弥殷。尚冀居歆，永绥兆庶。

乾隆二十七年遣散秩大臣永福致祭海神文

惟神灵毓东瀛，惠兹南服。潮真有信，式彰日母之神；海不扬波，永奠天吴之宅。峰连嵼赭，乾坤轩豁。其端倪水界桐庐，子午均调；夫节候金堤巩固，丕荷鸿庥。贝阙澄清，允怀显佑。朕时巡越国，载览胥江。万顷镕银，天净鱼龙之气。一奁皎镜，岸融梅柳之春。俾展馨香，用酬利济。山川望秩，稽旧典于《虞书》；河岳怀柔，协彝章于《周颂》。神其昭格，歆此苾芬。

乾隆二十二年致祭海神文（虞坤林提供）

乾隆二十七年致祭海神文（虞坤林提供）

乾隆三十年闰二月遣工部侍郎范时纪致祭海神文

惟神惠普南邦，灵昭东海。受百川而积润，信有常期；汇万壑以为宗，量惟并纳。澄光如镜，风清伍相。之江静影，沉山日丽。钱王之地，鸿庥丕著。永固金堤，显佑常昭，弥滋玉甸。朕虔修茂典，载举时巡，睹万顷之安澜，鱼龙效顺。当三春之和日，节候均调。用展明禋，良酬翊赞。怀柔河岳，诵祷允协乎彝章；望秩山川，披图克绍夫旧典。神其昭格，式此馨香。

海宁县丞许三礼祀海文

东南之区有大海焉，厥名归墟。实维神灵，奠安是职。而百川于焉，效顺万灶，藉以宁居。有杭之郡，邑著海宁，义取鳌极永恬，鲸波不兴也。而捍患御灾，历世有人。或则先劳以为崇障，或则呼号以竭精诚。某躬不敏，忝宰是邑。当兹夏应林钟，洪涛入滩，沙冲土坼，皇皇四境，卧不贴席。咨尔阳侯，民亦劳止，曷震怒之是？息耶，岂尔民之辜，民则何知？抑司牧者之责耶？静言思之，曷胜踧踖。或曰："潮大逼塘，文运之亨。"然而得时

《海宁州志稿》（虞坤林摄）

则驾，以惠我人。伊文澜之呈祥，曷既和而且平。爰洁牲醪，敢告尊神，捍沙无颓，司潮不惊。俾我民兮，爰居爰处。惠无疆兮，乃安乃贞。

[贰] 历代碑文选

七里彭乌祖庙碑记[1]

考诸祀典，其先世有大功德于民者，则祀之，能御大灾捍大患以死勤事者，则祀之。故有功济斯土、德溥斯民者，则必深人之爱慕，生设禄位以奉之，殁塑神仪而祀之，愈久而不忘也。海宁，古盐官州也，其城郭都市及东西之郊野村落，临于海滨者广百余里，自古迄今，惟赖石塘以御潮浪，以卫群生。然非独宁邑之保障，亦嘉、湖诸郡邑亿兆生灵之大防也。迩来数年间，海沙坍陷，潮汐冲塘，波浪汹涌，凡邑之所恃以为卫者，将有荡然之势，而临海之民，浸浸乎有波臣之恐矣。余服阕后补佐三衢，目见各上台，仰体圣天子拯济元元昏垫之意，皆焦心劳思，瞻顾咨嗟，抚宪即将海宁圮陷危急之状，具题奏请，争捐俸。

古彭乌庙

白丰

彭讳文骥，字德公；乌讳守忠，字子朴。世居濒海，家擅素封。

[1] 此为残碑。

元泰定三年海溢，朝命筑塘，费不给，二神罄家资助之。坍陷不已，神誓曰："生不助其成，死必捍其患。"未几，陷于海，大显灵异，海患顿息。塘成，闻于朝，立庙以祀。明嘉靖三十年，塘大圮，神又显灵，敕封"护国佑民永固土地"。清康熙间，邑令王任以海患祷庙，不逾时，即涨沙，督抚具题奉敕，同祀尖山潮神庙。雍正十一年，从祀海神庙。

朱令公庙碑记

朱一是

略云：考令公，本邑人，名彝，父某，母查氏。宋治平四年二月五日子时，生公袁花里。有绝力，能缚奔牛。年三十九，商于海而殁，崇宁三年八月二十三日也。建炎初，苗入境，公降保境，见山川草木皆兵，贼骇遁。绍兴中，丞相赵公忠彦奏，封太尉。宝祐二年秋，潮兼兼潮，祷之而应，封灵佑将军。元元贞元年，六代孙朱德荣，自武陵感梦，还里创草堂栖公神。大德二年，以捍潮患建祠，寻加封护国将军。至大二年，蝗，祷之，大风驱蝗入海。延祐三年五月，不雨，至七月，神借太湖水救禾。明永乐中，海门大决，保定侯赍诏致祭，工始告成，遂议建新庙，即今天仙府。威灵显赫如此。庙中附英济侯张公。张虽裔出萧山，赘海宁陆氏为婿，亦系乡人，捍江靖海，感应与公埒。

邑侯许公重建镇海塔碑记

陈鼓永学山

　　吾居浙江之表，朝潮夕汐，由大洋而来，南有上虞、余姚逼处于前，东有大尖、凤凰诸山角张于左。而江流又逆遏于上，其回溜湍激弥甚，阳侯不戒，往往有沧胥之惧。自昔形家言，惟建塔镇锁，则狂澜可障，地脉可固。不宁惟是，抑文教所由蔚兴，民生所由殷阜，故明万历中，邑侯郭公以明初"五凤齐飞入翰林"之谣，垂辉邑乘，而后此无闻焉。沧波日夕东驶，苟不用形家镇锁之法，非计也。遂于壬子岁肇建是塔于海堧，实为邑治及学宫之巽峰。次年，工未讫，先伯祖昆吾公既获简庶常，嗣此而蕊榜群登、杏园偕宴者未易更仆数。逮戊辰秋，飓风大起，毁塔相轮。是岁，簪绅之士迁谪云亡者，十有八人。洎癸酉祝融肆灾，塔上下栏楯俱毁，秋闱遂无一得售者。至丙子，家君请于邑侯谢公，复捐资拮据，躬率匠石以修葺之。其明年丁丑，先伯中堂素庵公幸抢鼎甲，而家君亦于丙子秋获隽焉。形家有云，若于辛隅更起一峰，则为巽辛相见，邑之科名当甲于浙水。家君以一小圃，适当邑之辛方，遂慨然建一杰阁。至壬午秋，工亦未讫，而邑之领乡荐者十有三人，杭嘉二府庠之选拔明经者，吾邑又得二人焉，士林莫不异之。顾自丙子迄今，时逾三纪，中更兵燹凶荒，此塔摧颓殆尽，赖有督侯许公，无日不为兹土兴利，而深知形家之说非虚也。谓民之生聚，士之教育，皆为地灵所钟，繁维兹塔是赖。且以甲辰之秋，洪涛泛滥，而郭外之廛如泛宅也，民至今惴惴焉。为之遄稽史籍，尝见元泰定以后，频有海患。致和元年，遣使祷祀，且造浮图而百一十有六，实以七宝珠玉，半置海畔，半置水中，以镇海灾。而今更以巍巍贝塔镇焉，其功不更巨乎？因与邑之缙绅庶士，协力鸠工，以兴复之，而名之曰"镇海"，将贻海甸永利也。工初竣，岁大稔，四野三农，有满箦满车之庆。且烝我髦士横经讲学，已兆连茹汇征之象，是文教昌隆，实由民生之康乐也，谁曰非德举哉？余承乏兰台，遥计梓乡事宜，谓莫尚于此，讵意公有同心，不费公帑而捐清俸，以经始不数月而落成。今涂谣巷讴，传公之嘉德，达于京辇，余闻之而知公之疏渠溉田，练兵弭盗，以保障万民无事，不如兹役之敏而于兹可概见焉。

今上十五年丙辰嘉平月，乃琢乐石勒之，以识勿谖，且以昭示来祀云。

高宗御制尖山观音庙碑文

我皇考世宗宪皇帝，廑念浙江海塘为瀕海诸郡保障，先后遣大臣相度形势，鸠工庀材，动发帑金二百余万，缮旧葺新，俾居民有所依恃。尖山者，海隅之一山也，以石为址，矗立沧涛，朝潮夕汐，必经其麓，因即其上建大士庙，用以栖神灵、来景贶。经始于雍正十二年冬十月，越乾隆元年八月告成。所司以勒石记事上请。朕惟海，天地间为物最巨,非有神灵默相,人力将无所施功。而佛法不可思议,恒能赞助造化,庇佑苍黎,有感必通,捷于影响。释氏所称观音大士者,以慈悲为心,救度为缘,普济众生,随声应现,其功用大矣。我皇考为民祈福之心,无乎不至。神之能为民御大灾、捍大患者,敬而礼之。浙中名山,若普陀,若天竺,皆大士道场,灵应凤著。尖山之名,虽未显于古,而与灵鹫、落迦远近相望,层岩巉嵘,近接潮音,实为神明之宅。宝坊既建,将见风樯琛舶,出入于烟波浩渺之中。云旗翠旌,往来拥护,而冯夷息警,飓风不兴,并海之民安居乐业,熙熙然耕田凿井,以咏歌皇考之圣泽于无疆者,神之庥也。爰镌之贞珉,以志。乾隆二年七月二十日。

世宗御制海神庙碑记

国家虔修祀典,以承上下神祇,岳渎海镇之神,秩祀惟谨,视前代为加隆。朕临御以来,夙夜以敬天勤民为念,明神之受职于天而功德被于生民者,昭格荐歆,敬礼尤至。其为民御大灾、捍大患,合于祭法所载,则尊崇庙貌,以昭德报功。盖所以遂斯民瞻仰之愿而动其敬畏祇肃之心,使无敢慢易为非,以得永荷明神之嘉贶,意至远也。

皇舆东南际大海,而浙江海宁居濒海之冲,龛山、赭山列峙其南,飓风怒涛,潮汐震荡。县治去海不数百步,资石塘以为捍蔽。雍

世宗祭文碑（石晨阳摄）

正二年，潮涌堤溃，有司以闻，朕立遣大臣察视修筑。且念小民居恒，罔知敬畏，慢神亵天，召灾有自。爰切谕以修省感应之道，令所司家喻户晓，警觉众庶。比年以来，微明神庥佑，塘工完固，长澜不惊，民乐其生，闾井蕃息。越七年，秋汛盛长，几至泛溢，吏民震恐。已而，风息波恬，堤防无恙，远近欢呼相庆，谓惟大海之神昭灵默佑，惠我蒸黎以克济此。朕惟沧海含纳百川，际天无极，功用盛大，神实司之。

海宁为海壖剧邑，障卫吴越诸大郡。海潮内溢，则昏垫斥卤，咸有可虞。神之御患捍灾，莫此为大。特发内帑金十万两，敕督臣李卫度地鸠工，建立海神之庙，以崇报享。

经始于雍正八年春三月，洎雍正九年冬十有一月告成。门庑整秩，殿宇深严，丹艧辉煌，宏壮巨丽。时展明禋，典礼斯称。爰允督臣之请，勒文穹碑，垂示久远，俾斯民忻悚瞻诵，共喻朕钦崇天道，祗迓神庥，怀保兆民之至意。相与向道、迁善、服教、畏神，则神明之日监在兹，顾答歆飨。其炳灵协顺，保护群生，奠安疆宇，与造物相为终始，有永勿替，朕实嘉赖焉！

雍正十年六月初一日 和硕果亲王 臣允礼 奉敕敬书

高宗御制海宁县尖山坝工告竣碑文

浙之海宁县，东南滨海之境有尖、塔二山，相去百有余丈，临流耸峙，根基毗连，为江海门户。潮之自三蘴入者为最大，二山其首冲也。旧有石坝捍御洪潮，积久渐毁。我皇考世宗宪皇帝，厪念濒海生灵，特命重加修筑。厥后，以湍激暂停。朕仰承先世，勤恤民依，谆谕封疆大吏，尽心筹划。迩年以来，沙之坍者日以涨，潮之北者日以南，度可兴工，爰命抚臣及时完整。兹乾隆五年夏，抚臣奏：自二月间庀材兴役，子来云集，踊跃争先，兼以风日晴和，程工倍速，届今闰月之初，工已告竣。一望崇墉，屹如盘石，向之惴惴恐惧虑为波臣者，安耕作而符平成。恭请勒石纪载，垂诸无穷。夫御灾捍患，贵先事而后为之防。海波浩瀚，际天潮汐，出入高如连山，疾如风霆，瞬息数千百里，非人仓卒所可御。居民恃石塘以为安，石塘恃二山以为障，而联络二山之势，延袤横亘，若户之有阃，关之有键，繋坝工是系。今者，堤岸坚完，沙涂高阜藩篱既固，石塘可保无虑。庐舍桑麻，绮分绣错，东南七郡，咸登衽席之安，非特宁邑偏隅而已。是役也，施力于烟涛不测之区，奏功速而民力不劳，良用嘉慰。继自守土之臣，其益恪勤奉职，共体此事，事有备之，意以保吾蒸黎，海疆其永有赖诸。乾隆五年庚申秋七月十八日。

高宗御制阅海塘记

隆古以来，治水者必应以神禹为准。神禹乘四载，随山浚川，其大者导河导江，胥入于海。

　　禹之迹至于会稽。会稽者,即今浙海之区,所谓南北互为坍涨,迁徙靡常地。神禹亲历其间,何以未治?岂古今异势,尔时可以不治治之乎?抑海之为物最巨,不可与江河同,人力有所难施乎?河之患,既以堤防,海之患,亦以塘坝。然既有之,莫能已之。已之而其患更烈,仁人君子所弗忍为也。故每补偏救弊,亦云尽人事而已。施堤防于河已难,而况措塘坝于海乎!

　　海之有塘坝,李唐以前不可考,可考者,盖自太宗贞观间始。历宋、元、明,屡修而屡坏。南岸绍兴,有山为之御,故其患常轻。北岸海宁,无山为之御,故其患常重。乾隆乙丑以后、丁丑以前,海趋中亹,浙人所谓最吉而最难获者。辛未、丁丑两度临观,为之庆幸,而不敢必其久如是也。无何,而戊寅之秋,雷山北首有涨沙痕。已卯之春,遂全趋北大亹。而北岸护沙以渐被刷,是柴塘、石塘之保护,于斯时为刻不可缓者。易柴以石,费虽巨而经久。去害,为民者所弗惜也。然有云柴塘之下皆活沙,不能易石者;有云移内数十丈则可施工者。督抚以斯事体天,不敢定议。夫朕之巡方问俗,非为展义制宜,措斯民于衽席之安乎?数郡民生休戚之关,孰有大于此者?可以沮洳海滨地险辞,而不为之悉心相度,以期乂安吾赤子乎!故于至杭之翼日,即减从趱程,策马堤上,一一履视测度,然后深悉夫柴塘之下不可施工,以其实系活沙,椿橛弗牢,讫不可以擎石也。柴塘之内可施工,而仓卒不可为,以其拆人庐墓、桑麻填坑堑,未受害

高宗祭文碑（石晨阳摄）

而先惊吾民也。即曰成大利者不顾小害，然使石塘成而废柴塘，是弃石塘以外之人矣；如仍保柴塘，则徒费帑项，为此无益而有害之举，滋弗当也。于是定议：修柴塘，增坦水，加柴价。一经指示，而海塘大端已具。守土之臣，有所遵循，即随时入告，亦以成竹素具，便于进止也。议者或曰所损者少而全者众，柴固不如石坚，何为是姑息之论。然吾闻古人云：井田善政，行于乱之后，是求治；行于治之时，是求乱。吾将以是为折中，而不肯冒昧以举者，此也。

踏勘尖山之日，守塘者以涨沙闻。后数日，沙涨又增，命御前大臣志石篓以验之，果然。自初三日亲临阅塘后，即命都统努三、额驸福隆安立标于石篓之上，以验增长。今复遣往视，回奏云：十日以来沙涨至五尺余，土人以为神佑。斯诚海神之佑耶？但丁丑以前，已趋中亹者尚不可保，而况今数尺之涨沙乎？然此诚转旋之机，是吾所以默识灵贶，益励敬天勤民之心也，是吾所以望神禹而怵然以惧，惭无奠定之良策也。

至海宁日，即虔谒海神庙，皇考御制文在焉，因书此记于碑阴，以识吾阅海塘咨度者如是，固不敢以己见为必当也。

乾隆二十七年三月　日　浙江巡抚臣主有恭奉敕敬书

[叁] 民间故事传说

闹龙宫

此为观潮期间皮影戏演出的传统剧目之一。孙悟空学艺归来，在花果山自立为王，因没有称手的兵器，遂到东海龙宫借宝。要尽龙宫兵器无称意，无意中发现龙宫之宝"定海神针"，即向龙王商借。龙王欺猴王力薄，一定取不走重达十万八千斤的镇海之宝，即夸口表示，如能拿动神器，愿意奉送。当孙悟空拔起神器，东海龙王又自食其言，招来西南北三龙王，欲合力击败孙悟空，自此引出了一场大战，最后以猴王孙悟空大获全胜，取得神器，转回花果山告终。

扬波雪愤

两千多年前，吴越争霸，先是吴国打败越国。越王勾践请和，大夫伍子胥劝吴王杀之以绝后患，但吴王夫差听信太宰伯嚭的谗言，竟然对不断进谏的忠臣伍子胥"赐剑自裁"！伍子胥临终嘱其子曰："抉吾目悬于东门（一说南门），以观越兵来伐吴；以鲣鱼皮裹吾尸，投于江中，吾当朝暮来潮，以观吴之败。"

越王勾践卧薪尝胆，按照大夫文种的计谋行事，九年以后果然灭了吴国。成功之日，越王同样听信谗言，逼死了灭吴有功的大臣文种。

虽是各为其主，但两位忠臣的结果都是蒙冤而死：伍子胥死在吴国，沉尸江中，吴国百姓敬重他怀念他，在江上修了祠，名曰胥山；文种死在越国，横剑自刎在山阴，越国百姓为了纪念他，把他安葬在重山（一作西山）。一年以后，伍子胥之魂召唤文种之魂，双双扬波赴海而去，在江湖河海巡游。每每钱江潮涌来，居潮水之首扬波的是伍子胥，后面推波助澜的是文种。每年八月十八，一对忠魂乘着素车白马，站立潮头之上，为复仇而怒吼奔腾，形成惊心动魄的钱江潮，谓之"扬波雪愤"。

现今重建后的海神庙把昔日的伍员庙并入，把伍子胥作为潮神之一，塑像供奉。

潮神伍子胥显威

话说潮神伍子胥与海龙王为争夺钱塘江之统领，大动干戈，江面斗法。海龙王斗不过伍子胥，被赶出了钱塘江。伍子胥自立为王，掌管了钱塘江的潮起潮落、潮高潮低等事宜。

伍子胥秉性刚直，而与他一起做了潮神的文种温文尔雅。这一天，伍子胥坐于水府闷闷不乐。文种见了，便上前问道："大王有何不快，不妨说来听听。我与你同坐一条船，有福同享，有难同当嘛！"伍子胥便把赶走龙王，剩下一座空城，感到冷清的心事说了。文种听后感到言之有理，便想了想道："这好办，大王做事何须做绝，海龙王原本是本江之主，理应给他一席之地，以示笼络安抚。我看只要他今后愿意听你调遣，还是请他回来讲和为妥。"

伍子胥听文种说得有理，便问道："哎呀文大夫，你知道我的性格直来直去，你有道理，我听你的。究竟怎么个和法，你且说无妨，不要转弯抹角，憋死人了。"

"好，就等你这句话。讲和自有我去，保证马到成功。"说完，文种一个腾空跳出水面，来到海宁龙王庙，见了龙王，说出了自己的想法。龙王本来在陆地上住得不耐烦了，水族兵将也叫苦连天，巴不得早日回到钱塘江里，可以自由自在。听文种这么一说，龙王真是求之不得，于是道："文大夫，只要伍子胥不伤害我属下，一切条件我都答应！"文种也作了保证："只要今后你听从伍子胥统一指挥，彼此就相安无事。"

龙王应诺，文种回到水府禀报了伍子胥。伍子胥听后精神大振，当即下旨请龙王回府。虾兵蟹将如鱼得水，好不快活。

从此，潮神与龙王和平共处。伍子胥命龙王每天操练兵将，准备在潮神生日那天搞一次阅兵大典。龙王毫不含糊，一时间，钱塘江上热闹非凡，繁荣兴旺起来。

伍子胥提出阅兵，自有他的打算。这天是观潮节，人间观潮者如云，当朝文武百官也纷纷闻讯而来，伍子胥要让他们看到自己不是等闲之辈，即使屈死于钱塘江里，也要干一番事业。

八月十八日正午，潮从东方而来，入尖山口。只听龙王一声令下，众水族兵将个个意气风发，举刀持枪，一齐跃上潮头，列队整齐，高声呐喊，浩浩荡荡向西进发。

站在镇海塔顶端的伍子胥与文种见此大喜。他们早已向东眺望，见江天之间出现一条白线，远若素练锁江，隆隆之声犹如闷雷在天边滚动。时至午时三刻，潮头准时推近盐官镇海塔下。此时，江面上出现一条高达数丈的水上长城，如千军呐喊，山崩地裂，潮头横江翻滚，势不可当，真是"滔天浊浪排空来，翻江倒海山可摧"。看到这惊心动魄的壮观气势，观潮者无不赞叹不绝。"镇海塔下一线潮"从此名扬天下。

钱王射潮

钱塘江的潮水从来就很大，潮头既高，潮水冲击的力量又猛，因此，钱塘江两岸的堤坝总是这边才修好，那边又被冲坍了。"黄河日修一斗金，钱江日修一斗银。"那时候，潮水给人民带来的灾害，从这句话里就可以想见了。

唐朝末年有个吴越王钱镠，勇猛无比，人们称他为"钱王"。钱王治理杭州的时候感到各种事情都还容易办，就是钱塘江的海堤修不好。潮水一天要来两次，简直叫人没有法子把海堤修筑起来。钱王手下的人很着急，都怕钱王发脾气，只好报告钱王道："大王，这海堤还是不修吧，修不好的。因为钱塘江里面有个潮神在跟我们作对，只等到我们把海堤修得差不多的时候，他就兴风作浪，鼓起潮头，把我们的海堤给冲坍了。"

钱王听了，满肚子火，气得胡子一根根都直竖起来，眼睛瞪得像铜铃，厉声喝道："吠！你们这些没用的家伙！为什么不把那个潮神拖上来给宰了？"

手下人慌忙说道："这不能够，这不能够，他是个潮神，在海水里面，跟海龙王住在一起的哩！我们没法去找他。何况他来的时候随着潮水翻滚，在潮头的海水里面，我们凡人既看不到，又没法子捉拿他。就是乘着铁打的船去寻找，只要一碰到潮头，也会给吞没了的。"

钱王听了，两眼火星直冒，大吼道："呸！难道就让这个小小的潮神胡作非为吗？不行！"

钱王想了想，说道："好，我自己去降伏他。到八月十八这一天，给我聚集一万名弓箭手到江边，我倒要去见见这个潮神！"

钱王为什么一定要选八月十八这一天呢？原来，八月十八是潮神生日，这一天潮头最高，水势更是排山倒海凶猛无比，而且，潮神会在这一天骑着白马跑在潮头上面。

八月十八日到了，钱塘江边搭起了一座大王台，钱王一早就到台上观看动静，等待潮神到来。可是从当地挑选出来的一万名精锐弓箭手却陆陆续续地一下到不齐，钱王见了嫌慢，就喝令他们必须立即聚齐到江边,排列好阵势。

这时,有个将官上前跪下禀告:"大王!弓箭手跑向江边来时要经过一座宝石山,这个地方山路狭窄,只能容一人走过,何况过山又得爬上爬下的,因此来得慢了。"

钱王听了,喝道:"呀呸,这样岂不是要耽误消灭潮神的大事!"他立刻跳上千里驹,飞也似的来到了宝石山前,一看,果然如此。他连忙跑到山巅上面向四下瞭望,只见这山的南半边有条裂缝。于是,他踩在山的裂缝处,用力一蹬,哈!这山竟然给他一下蹬了开来,中间出现了一条宽宽的道路。那些将士见了,人人喝彩,个个欢呼!没多久,全部弓箭手就通过这条大路到江边聚齐了。从此,这里就叫作"蹬开岭",钱王那一双奇大无比的脚印子,直到如今还深深地陷在石墙上面哩。

钱王又飞快地骑着马到处巡视了一番,等他再到江边大王台上的时候,一万名精兵早就排好阵势,个个雄赳赳、气昂昂地拿着弓箭,望着江水。钱塘江沿岸的百姓受尽了潮水灾害,修堤治水,哪个不欢喜,谁人不尽力!如今听说钱王射潮神,都争着观战助威,真是家家闭户、人人出动,几十里长的江岸黑压压地挤满了人。钱王见了这般声势,更加胆壮起来,忙叫人拿来笔墨,写了两句诗:"为报潮神并水府,钱塘且借与钱城。"他把诗丢进江水里去,大声叱道:"喂,潮神听着!如果你答应了,就不许涌潮!假如潮水仍然要来,那就不要怪我手下无情了!"

岸上的百姓以及弓箭手听到钱王的话都欢呼起来,那声音就像雷吼一样。大家神色紧张地对着江水,观看动静。可是潮神并没有理睬钱王的告诫,过了一会儿,但见远远一条白线飞速滚来,愈来愈快,愈来愈猛,等到近时,就像爆炸了的冰山、倾覆了的雪堆似的奔腾翻卷,直向大王台冲来。钱王见了,大吼一声,喝令:"放箭!"话音一落,他就"嗖"的一箭射了出去。

这时,只见万名精兵万箭齐发,直射潮头。百姓们都跺脚拍掌,大声呐喊助威。一万支箭射了,又是一万支箭,"嗖嗖嗖",霎时射出了三万支箭,竟逼得那潮头不敢向岸边冲击过来。钱王又下令:"追射!"那潮头只好弯弯曲曲地向西南逸去,最后消失得无影无踪。因此,直到今天,潮水一到六和塔边就快没有了,而在六和塔前面,江水弯弯曲曲地向前流去,像个"之"字,因此这个地方又叫"之江"。

从此以后,海堤才得造成。百姓们为了纪念钱王这次射潮的功绩,就把江边的海堤叫作"钱塘"。

观音借地

很久以前,杭州湾的喇叭口比现在还要大,海宁一带还不是陆地,而是一片汪洋,属东海龙王管辖。这龙王脾气很坏,动不动就发大潮,冲垮堤岸,毁坏家园。

　　有一次，南海观音路过这里，见老百姓流离失所，不得安宁，很生气，就赤着脚下海滩，迎着潮头走去。龙王一见观音，连忙上前打躬，问道："大士有何法旨？"观音说："我从南海来到这里，连个歇脚的地方也没有！"龙王就伸手从海底抓起一块石头，放在鳌鱼头上，变成一座"尖山"，对观音说："请大士就在这上面歇息吧。"观音说："这地方好是好，可惜岛小海大，太冷清了，索性再借我一箭之地，有百姓同我作淘就好了。"龙王想，一箭之地不过百十步，乐得做个人情，就答应了。

　　谁知观音一脚跨上尖山顶，向西射了一箭，这支箭直到杭州月轮山才落下来，这就是后来造六和塔的地方。龙王一看观音要借这么多地，有点舍不得。观音见龙王好像为难，就拿出一件龙袍，对龙王说："我用这件龙袍作抵，到时候我还你地，你还我龙袍，好吗？"龙王见观音手里那件龙袍闪闪发光，心里也欢喜，但他还是不放心，就问道："那啥辰光还呢？"观音捉过一条黑鱼，在它背鳍和尾巴连牢的地方掐了一把，对龙王说："有朝一日，这黑鱼背脊的鳍和尾巴连牢了，我就还你地。"龙王表示同意，于是又从海底托起一块土地，放在鳌鱼背上，接过龙袍，得意扬扬地回水晶宫去了。从此，从海宁到杭州月轮山就多出了一块很大的土地。

　　龙王为什么这样爽快就答应借地呢？他有他的打算。因为土地放在鳌鱼背上，只要鳌鱼一翻身，土地仍旧归东洋大海。果然不错，鳌鱼背上压了一大块土地，哪里肯依，拼命挣扎，要甩掉这块土地。观音见鳌鱼很不安分，心想，这样老百姓还是不能安居乐业的。她来不及穿鞋子，就赤脚踏在鳌鱼头上。鳌鱼的头被观音双脚踏牢，只得老老实实，不敢再动。后来，观音留下个化身在那里，真身就回普陀山了。从此，这化身永远站在鳌鱼头上，使鳌鱼不能翻身。为了感谢观音的恩德，当地百姓就在尖山上建造寺院，塑了尊"出海观音"的像。

再说东海龙王回到水晶宫，拿起龙袍一穿，袖子掉了；再一拎，领子也掉了。原来龙袍是纸糊的，一遇水就化了。龙王气得大发雷霆，当场召集十万水族，掀起千丈大浪，直扑钱塘江而来。"出海观音"像站在尖山上微笑，不和龙王搭腔。龙王相骂无对手，跳到六和塔下，观音还是不搭腔。龙王想想，自己理没有观音足，法没有观音大，只好自认晦气，低着头回到东洋大海去。不过，龙王始终忘不了观音借地的事，每天一想起就要去看看，因此就每天涨潮、落潮，整年不停。

观音呢？尽量不和龙王见面，以免争吵。所以，过去海宁做庙会，观音和龙王的神像抬出来时，脸上都罩一块红布。还有那黑鱼的背鳍，自从被观音掐了一把，到现在还断一节，连不到尾巴呢。

钱塘江为啥每日涨两次潮

钱塘江为啥一日要涨两次潮,而且每次潮水到杭州六和塔所在的月轮山山脚才平息落去,这是啥缘故呢?

传说,原先六和塔里住着一个塔神,他有一根神鞭,这神鞭威力无穷。每隔九天,塔神就要到江边用神鞭试法,弄得钱塘江两岸老是闹水灾,百姓受苦,连东海龙宫也被弄得摇摇晃晃,东海龙王也为之恼火。

有一日,塔神到龙宫去串门,见龙王的姑娘生得漂亮,想娶她做老婆,龙王很为难,只好推说以后再商量。把龙女嫁给塔神,龙王不情愿;不把龙女嫁给塔神,又怕塔神的神鞭厉害,哪格(怎么)办呢?龙女对龙王说:"父王,为了不使水族和百姓遭难,女儿愿意嫁过去。我要把神鞭偷出来,不让他兴风作浪,翻江倒海!"龙王想想别无办法,也就答应了。

第三日,虾兵蟹将鸣锣开道,浩浩荡荡把龙女送到六和塔,塔神快活得骨头轻飘飘。夜里,龙女给塔神敬酒,把他灌得烂醉,等塔神睡着了,就把神鞭取来,连夜送去给龙王,自己再回到六和塔去。天一亮,塔神发现神鞭不见了,一口咬定是龙女偷去,龙女说啥也不承认,塔神就把龙女镇锁在六和塔下面,还赶到凌霄殿去,向玉皇大帝告状。玉皇大帝耍滑头说:"你们一个是丈人,一个是女婿,是自家人,有事体(事情)你们自家去商量吧!"塔神没办法,只好回到六和塔来。他对龙王说："你把神鞭还给我，我就把龙女放回龙宫；你若不把神鞭还给我，龙女就永远镇锁在六和塔下面不见天日！"龙王没办法，就把这话对龙女说了。龙女说："一人做事一人当，我就永世被镇锁在六和塔下面好了，决不能把神鞭还给他为非作歹。我只想父王每日都能来看看我。"龙女说着，流下了眼泪。龙王也伤心呵！

为了天下太平，龙王一直没有把龙女赎回来，那根神鞭就一直藏在东海龙宫里。他每日两次去看望可怜的龙女，故此，钱塘江每日要涨两次潮，潮水到六和塔下面就停住了。龙女嫁过去的日子是八月十八，故此，每年八月十八这一日，龙宫里的文武百官和虾兵蟹将都要去拜这位好心、善良的龙女，这天的潮水也就特别大了。

海宁潮的由来

过去，钱塘江来潮跟其他各地的水一样，既没有潮头，也没有声响。

这一年，钱塘江边来了一个巨人，这个巨人很高大，一迈步，就从江这边跨到江那边了。人们不晓得他叫什么名字，因为他住在钱塘江边，就叫他"钱大王"。

钱大王力气很大，他扛着自己的那条铁扁担，常常挑些大石块来放在江边，过不了多久，就堆成了一座又一座大大小小的石头山。

平时，钱大王在萧山的蜀山上敲岩石，引火烧盐，烧了三年三个月，烧出的盐都堆得像座高山了。这一天，他准备把盐挑到江北去，可是，这么多盐只够他装一头，他就在扁担另一头系上一块大石头，放在肩上试试，觉得对劲，就挑起来走啦。

这时候，天气大热，钱大王走到钱塘江边，想避避太阳，就放下担子歇了一会儿，没想竟打起瞌睡来。可巧哩，碰上东海龙王出海巡江，潮水拥着龙王慢慢涨了起来，涨呀涨，竟涨上岸把钱大王这堆盐慢慢慢慢都溶化了。东海龙王闻闻，怪呀，水里哪来一股咸味呀？而且愈来愈咸，受不了啦。他掉转身子就逃，逃进大海，没想潮水跟着涌进海，把整个汪洋大海的水都弄咸啦。

钱大王一觉醒来，两眼一睁，看见扁担一头的石头，另一头的盐呢？怎么没啦？

钱大王找来找去找不着盐，一低头，闻到江水里有咸味，心想：哦，怪不得我的盐没啦，原来被东海龙王偷去了！钱大王不觉怒从心起，举起扁担就打海水。一扁担打得水里大大小小的鱼儿都震死啦，两扁担打得江底的水都翻了身，三扁担打得东海龙王受不住，慌忙冒出水面，打躬作揖求饶命。

东海龙王战战兢兢地问钱大王，究竟是什么惹着了他，让他发了这么大的脾气呵！

钱大王气得圆睁两眼，大声喝道："该死的龙王，你把我的盐都偷到哪里去啦？"

东海龙王这才明白海水变咸的原因,连忙赔了罪,说自己巡江不小心,把那些盐溶化了。

钱大王听了心中着恼,举起扁担,真想把东海龙王砸个稀巴烂。东海龙王慌得连连叩头求饶,并答应用海水晒出盐来赔偿钱大王,以后涨潮时一定连喊带叫,免得钱大王睡着了听不见。

钱大王听听这两个条件还不错,便饶了东海龙王,把自己那根扁担向杭州湾口一放,说道:"以后潮水来时,得从这儿叫起!"

东海龙王连声应着,钱大王这才高高兴兴地走了。

从那个时候起,潮水一进杭州湾就伸长脖子,"哗啦,哗啦"地一路吼叫着。潮水涨到钱大王坐过的地方,脖子伸得挺高,叫得也挺响,这个地方就是今天的盐官,举世闻名的"海宁潮"就是这样来的,这里是观潮最好的地方。

海宁庙宫的传说

到盐官来看"天下奇观海宁潮"的人都要去看看庙宫。

海宁庙宫的建筑外形像北京的太和殿,十分壮丽,是江南少有的宫殿式建筑物。它的大门口有青石铺筑的广坪,广坪两旁有一对汉白玉石狮子,精雕细刻,活灵活现,据说也是国内少有的。在广坪东西两侧,还有两座跨街白玉石牌楼,镂刻艺术高超,人称"江南独步"。可是,这样一座富丽堂皇的宫殿般的建筑,造好后一直冷冷清清，从来没见皇帝和太子们来过，这是为啥呢？

　　据说清代康熙皇帝三宫六院，有不少皇子。皇子们钩心斗角，都想将来继承皇位。康熙皇帝为了缓和矛盾，就想了个办法，将继承皇位的皇子的名字写在一个折子里，封入锦囊，放到金銮殿梁上。他告诉各个皇子，将来自己寿终之后，众皇子可当场解开锦囊，以见分晓。这样一来，皇子们也就无话可说，只好等着看了。

　　康熙皇帝说是这样说，但到病危时，却把十四皇子叫来，向他讲明，日后由他来继承皇位。这样，十四皇子就喜滋滋地等着登基坐皇位了。

　　四皇子想当皇帝心切，生怕开出锦囊来不是自己的名字，就预先叫了个会飞檐走壁的人，在夜里跳到梁上，把锦囊偷偷地取了下来。一看，折子里写的果然不是自己，而是"传位十四子"。这下，四皇子急了，没有皇位就失掉一切，那还了得！他眼珠子骨碌一转，把"传位十四子"的"十"字上加一横、下弯一钩，这样一来，就成为"传位于四子"了。四皇子把折子改写停当后，叫那个会飞檐走壁的人把锦囊重新放到梁上去。

　　没过多久，康熙皇帝死了，众皇子就聚拢来看折子。取下锦囊打开折子一看，里面写的是"传位于四子"。四皇子就这样登基为帝，年号雍正。

　　十四皇子呢，气煞啦！先皇老子曾给他讲得清清楚楚的，怎么眼睛一眨,老母鸡变鸭——皇位一下子又传给四皇子了呢?他越想越不明白,越想越是气恨,一病不起,一命呜呼了。

十四皇子一死,雍正皇帝做贼心虚,日夜疑神疑鬼,觉得十四皇子的鬼魂老是缠着他不放,弄得他失魂落魄,惶惶不可终日。于是,雍正趴在十四皇子的棺材前面,又是哭,又是求饶:"好兄弟,别老是缠着我不放啊!上有天堂,下有苏杭,我给你在海宁造座宫殿好了。我在京里,文武百官每天只对我朝拜一次;你在海宁,每天有二潮,比我威风多了!"就这样,海宁造起了这座庙宫。

老天!哪里是一日两次朝见?雍正说的其实是一日两次与潮水相见哪!

主要参考文献

1. 许傅沛, 朱锡恩. 海宁州志稿 [M]. 刻本. 1933.

2. 朱天顺. 中国古代宗教初探 [M]. 上海: 上海人民出版社, 1982.

3. 池田大作, B. 威尔逊. 社会与宗教 [M]. 梁鸿飞, 王健, 译. 成都: 四川人民出版社, 1991.

4. 海宁市志编纂委员会. 海宁市志 [M]. 上海: 汉语大词典出版社, 1995.

5. 海宁市对外文化交流协会, 海宁市文学艺术界联合会. 潮声乡韵 [M]. 上海: 上海辞书出版社, 2002.

6. 闫彦, 李大庆, 李续德. 浙江海潮·海塘艺文 [M]. 杭州: 浙江大学出版社, 2013.

7. 张炜芬, 雒树刚, 周巍峙. 中国节日志 [M]. 北京: 光明日报出版社, 2015.

8. 海宁市档案局(馆), 海宁市史志办公室. 海宁历代碑记 [M]. 杭州: 浙江古籍出版社, 2016.

后记

　　经过一年多的努力，《海宁潮神祭祀》终于与大家见面了。本书是"浙江省非物质文化遗产代表作丛书"之一，在记述海宁潮神祭祀的史实及相关内容的同时，做了一些归纳、分析和判断，以期尽量客观和全面地来反映这个项目，唤起更多的人关心其传承和保护工作。

　　《海宁潮神祭祀》有四万余字和五十多幅图片，涉及大量的典籍文献。在走访相关知情人士的基础上，海宁市非遗保护专家组成员虞坤林先生提供了本书的绝大部分历史资料，海宁市档案局石晨阳先生和海宁市文化馆张庆忠先生提供了大部分照片，方林峰先生提供了历史资料照片，《海宁潮神祭祀》的出版是集体劳动的结晶。海宁市文化广电新闻出版局领导朱红女士、非遗专家蒋水荣老师和海宁市非遗中心、海宁市文化馆的领导对本书的写作和编撰做了重要指示。在此，对为本书稿作过关注、指导、帮助的各单位和各界人士致以诚挚的谢意。

　　限于时间和水平，本书难免有诸多不足，敬请各方专家读者批评指正。

编著者

责任编辑：金慕颜

装帧设计：薛　蔚

责任校对：高余朵

责任印制：朱圣学

装帧顾问：张　望

图书在版编目（ＣＩＰ）数据

海宁潮神祭祀 / 朱善九, 孙力, 周郁斌编著. -- 杭
州 : 浙江摄影出版社, 2019.6（2023.1重印）
（浙江省非物质文化遗产代表作丛书 / 褚子育总主
编）
ISBN 978-7-5514-2446-2

Ⅰ.①海… Ⅱ.①朱… ②孙… ③周… Ⅲ.①祭祀—
风俗习惯—介绍—海宁 Ⅳ.①K892.29

中国版本图书馆CIP数据核字(2019)第098406号

HAINING CHAOSHEN JISI
海宁潮神祭祀
朱善九　孙　力　周郁斌　编著

全国百佳图书出版单位
浙江摄影出版社出版发行
　　　地址：杭州市体育场路347号
　　　邮编：310006
　　　网址：www.photo.zjcb.com
制版：浙江新华图文制作有限公司
印刷：廊坊市印艺阁数字科技有限公司
开本：960mm×1270mm　1/32
印张：4.75
2019年6月第1版　　2023年1月第2次印刷
ISBN 978-7-5514-2446-2
定价：38.00元